# 나쁜아이가 세상을 바꿨어요

子どもと悪

가와이 하야오 지음 김옥엽 옮김

학 지 사

www.hakjisa.co.kr

河合隼雄 著

# 子どもと惡

by Kawai Hayao

Copyright © 1997 by Hayao Kawai

Originally published in Japanese by Iwanami Shoten,
Publishers, Tokyo in 1997.
This Korean languge edition is published
by arrangement with Iwanami, Japan
Translation copyright © 2003 By Hakjisa Publisher
Printed in Korea

## 역 자 서 문

    어떤 아이가 좋은 아이로, 또 어떤 아이가 나쁜 아이로 자라는 것일까?

    인간의 특성은 선한 존재일까, 악한 존재일까?

    변산 앞바다에서 자신의 생명보다 아이들의 생명을 소중히 여겼던 전주고등학교 학생들의 행동을 보며 '인간은 얼마나 선함을 추구하는 존재인가' 감동에 몸을 떨다가도, 종이컵에 가래침을 뱉어 힘없는 친구에게 마시게 하고, 자신의 욕구를 거절하는 부모를 살해하는 자식의 잔인한 행동에 '인간이 어디까지 잔인해질 수 있을까' 공포감을 느끼기도 했습니다. 인간이 능히 선(善)할 수 있고, 능히 악(惡)할 수도 있다면 교육의 장에 몸담은 선생으로서 상담자로서 어머니로서 어떻게 교육의 문제, 삶의 문제를 접근하고 다뤄야 하는 것인지 오랫동안 고뇌하며 살아왔습니다.

저는 우리 아이들이 생명을 존중하며, 나답게 하고 싶은 것을 하면서 해야 하는 일도 하는 사람이 되도록 돕고 싶습니다. 삶의 경험은 한계가 있지만 체험을 통해서 얻어지는 의미를 무한히 생산적으로 자기화하는 지혜를 배우도록 가르치고 싶습니다. 즉 어떤 경험을 했느냐가 중요한 것이 아니라 그 경험을 자신과 타인에게 얼마나 유익하게 활용했느냐에 초점을 맞추고 싶습니다.

가와이 하야오 선생님은 지금은 일본 문화청 장관이시지만 상담사례를 들고 가면 늘 반갑게 맞아 주셨던 교토(京都)대학의 교수님이셨고, 모래상자놀이 치료사례를 지도해 주셨던 큰 상담자이셨습니다. 선생님은 울타리가 없으신 분이십니다. 국적도, 시간도, 장소도, 종교에도 경계가 없이 인간의 문제를 지혜롭게 풀어 성숙할 수 있도록 돕는 마음으로 번역의 기회를 주셨습니다.

번역은 원문에 충실하려 하기보다는 저자의 의도를 바르게 전달할 수 있는 우리말로 바꾸어 쓰려고 노력하였습니다. 이 책은 아이들을 좋은 행동과 나쁜 행동으로 바라보는 제한되어 있는 우리의 시각에 새로운 시각을 하나 더 가질 수 있도록 도와 줄 것입니다. 다시 말해 문제상황을 새롭게 보고 아이를 대하는 자세를 바꿀 수 있도록 도와 줄 수 있습니다. 이러한 접근을 교육심리에서는 재구성(Reframe)이라 하고 삶에서는 깨달음이라고 합니다. 이 책의 원리를 생활에서 실천하다 보면 힘든 상황에 처하거나 까다로운 아이들을 대할 때, 좀 더 참을성 있고 침착하게 행동할 수 있을 것입니다. 이 책을 통해서 인간의 성숙함에 관심을 가진 분들과 마음의 평화를 나누고자 합니다.

2003년 화창한 봄날에

김옥엽 씀

# 저 자 서 문

　학교폭력으로 친구를 살해하고 학업이 부담스러워 청소년이 자살하는 등 청소년 문제, 교육의 문제가 발생하면 항상 매스컴은 떠들썩하게 특별방송까지 만들어 제언이나 방안을 제시하지만, 그러한 문제들이 정리되기보다는 오히려 증감되는 경향이 강하다. 이것은 우리 사회 전체와 구조적으로 관련되어 있기 때문에 여간해서 간단한 해결법을 찾기는 어려울 것이다.

　청소년의 문제를 여러 가지 각도에서 근본적으로 생각해 보고, 거기에서 조금이라도 긍정적인 방향으로 전환할 수 있는 힌트를 얻는다는 자세로 청소년의 문제행동을 탐색하여 창의력이라는 테마를 다루고자 하였다.

　교육자로서 상담자로서 '문제행동과 창의력'은 오랫동

안 고민해 온 주제이다. 그 이유 중 하나는 나 자신이 아이 시절부터 '나쁜 모습의 나 자신'에 대한 문제행동으로 고민을 했던 사실이 있었고, 그 후 교육자로서 경험을 쌓으면서 부모나 교사들이 너무나도 성급히 문제행동을 못하게 하는 것에만 초점을 맞추고 아이들을 지도한다는 점에 견딜 수 없는 안타까움을 느꼈다.

상담자로서 언젠가는 꼭 써 보고 싶은 주제인 '아이와 문제행동'에 대해서 쉽게 쓸 수 없었던 것은, 문제행동에 관련된 개개의 사상(事象)은 여러 가지로 쓸 수 있지만, 책을 쓰기로 하면 아무래도 '문제행동을 일으키는 악(惡)이란 무엇인가?'라는 근원적인 문제를 다루어야 하고 '악'을 다루는 것은 참으로 어려운 일이기 때문이었다.

단지 표면적인 이유만으로 '문제행동을 했으니까 나쁜 사람이다'라고 말한다면 항변할 수 없지만, 그러면 인간이 너무나 불쌍한 존재로 느껴진다. 특히 그러한 아이들을 생각하면 더 슬퍼진다. 그래서 내용 중에는 이러한 아이들의 마음을 대변하는 심정으로 쓴 부분도 있다. 자기실현의 시작은 문제행동인 악의 형태를 취하며 나타난다는 것을 잘 알아주었으면 좋겠다.

 본서의 집필은 1997년 봄 이와나미(岩波)서점 편집부의 야마다(山田) 씨, 시인 다니가와(谷川) 씨와 같이 세 사람의 나쁜 친구가 뭉쳐 일을 하나 해냈다고 생각한다. 또한 기쁜 마음으로 한국어판을 만들어 주신 김옥엽 선생님은 모래상자놀이 치료를 나에게 배운 인연으로 전주라는 역사 깊은 도시에 두 번이나 초청하여 워크숍과 사례연구를 개최한 바 있는 교육학자이며 상담자이다. 상담으로 맺어진 김옥엽 선생님과의 소중한 인연이 이 책을 통하여 많은 사람들에게 인간의 문제행동을 생산적으로 활용할 수 있는 기회가 되어 우리 인간의 삶의 문화가 성숙하기를 겸손하게 희망한다.

2003년 이른 봄

가와이 하야오(Kawai hayao)

## 차 례

## 하나 아이들의 문제행동은 창의력의 진원지이다 · 15

# 하 나  아이들의 문제행동은 창의력의 진원지이다

아이들의 문제행동을 논하는 첫머리에 '창의력'을 거론하는 것이 어쩌면 대담하게 느껴질지도 모른다. 그러나 현대사회에서 '아이들의 문제행동' 하면 머리에 맨 먼저 떠오르는 것이 이 아이들은 우리 사회에 만연한 교육열에 의한 희생자라는 사실이다. 현대의 부모가 자녀의 교육에 열성을 다하는 것은 좋은 일이지만, '좋은 아이'를 만들기 위해서는 어떻게든 문제행동을 못하는 아이로 키우면 된다고 하는 단순한 생각으로 잘못을 범하고 있는 어른이 지나치게 많다. 이와 같이 양육과 교육의 희생자라고 부르고 싶은 아이들을 우리 상담자는 자주 만나고 있다.

이와 같은 경험이 매우 많기 때문에 교육의 문제를 처음에 논하기로 하였다. 또한, 나는 귀중한 체험을 하였다. 현재 우리나라의 각 분야에서 매우 창의적인 일을 하고 있다고 인정받는 사상가, 작가, 작곡가, 만화가, 화가 등 대표적인 열 분들과 인터뷰를 하여 그분들의 어린 시절에 관해서 이야기를 들은 것이다. 그 열 분들을 만나며 오늘날 그들이 독보적인 위치에 설 수 있게 만든 성공의 동기가 '문제행동은 창의력의 진원지'였다는 사실이다. 우선 그 경험으로부터 이야기를 풀어 나가고자 한다.

## 1. 창의적인 사람들이 반드시 좋은 아이는 아니었다

### 누구나 '좋은 아이'는 아니었다

먼저 쓰루미(鶴見俊輔) 씨를 만났을 때의 일은 지금도 잊을 수가 없다. 인터뷰 도중에 몸이 떨릴 정도로 감격하였다. 물론 그분의 사상가로서의 업적에 관해서는 잘 알고 있었지만, 어린 시절에 대해서는 전혀 몰랐었다. 아버지는 대 정치가, 누님은 일류학자라는 점에서 대단히 혜택받은 가정에서 자랐을 것이라는 정도의 막연한 예상으로 인터뷰에 임하였다.

그런데 예상은 빗나갔다. 전쟁 또 전쟁이라고 표현했을

정도로 어머니와 아들의 처절한 싸움이 계속되었고, 끝내 소년은 자살을 시도, 치사량의 독극물을 마시고 시부야 고갯길을 비틀 비틀 걷다가 경찰에 의해 응급실로 옮겨져 겨우 생명을 구하였다. 중학생으로서 당시의 까페에 빠져 있던 버젓한 '불량소년'이었다. 결코 '좋은 아이'는 아니었다.

청소년 시절의 어두운 추억이라는 표현으로는 불충분하며, 그것은 완전한 암흑이었다. 그러나 그 암흑으로부터 쓰루미 씨의 현재의 창의적 에너지가 만들어졌다. 쓰루미 씨는 물론이고 열 분 중 그 어떤 분도 간단한 인사치레일지라도 '좋은 아이'라고 부를 수 있는 아이 시절을 보낸 사람은 없었다. 단순하게 범위를 정하면 등교 거부, 훔치기, 집단따돌림, 거짓말, 게으름, 소외감과 고독, 반항 등등의 '문제행동'의 라벨이 붙여진다. 이와 같이 분류하면, '나쁜 아이'라고 규정지을 사람도 있겠지만, 실제로 이야기를 들으면서 그렇다고만 말할 수 없는 느낌을 받았다. 솔직하게 말하면 상당히 재미있는 역동이 보인다. 이노우에 씨는, 상당히 '나쁜' 소년, 그것도 지능범이었다고 생각되지만, 그의 집단따돌림과 복수의 이야기들을 듣고 있으면 엉겁결에 웃음이 나온다. 게다가 '아이 때에는 사소한 정도의 집단따돌림은 해 보아도…'라는 생각이 들수 있다. 이것은 도대체 어째서인지, 문제아들의 특징에 대해 서술하여 보자.

## 학교에서는 창의력을 가르치지 않는다

현재 도립시가대학 학장이신 히다카 씨(日高敏隆)를 만나보았다. 히다카 씨는 도쿄(東京)대학 졸업 후, 교토(京都)대학 이학부 교수로 재직중이었다 그런데 "학교라는 곳은 3분 1 정도밖에 가지 않았다"라고 말했다. 초등학교는 병약하여 자주 쉬었고, 중학교는 전쟁 중이어서 공장에 동원되었고, 고등학교는 통학에 2시간이나 걸렸기 때문에 매일 지각으로 게으름을 피웠으며, 대학은 부친이 병으로 쓰러져 거의 아르바이트를 하였다고 한다. 거의 학교교육에서는 혜택을 받지 못했다는 것이다.

쓰루미 씨는 물론, 음악가인 다케미츠(武満徹) 씨는 대학교육을 받지 않았다. 중학교 시절은 전쟁 중이었고, 교련점수가 나빠서 상급학교에 진학할 가능성이 없었다. 다케미츠 씨는, 그만한 작곡을 하기 위한 준비를 독학으로 한 대단한 분이었다. 천재라고 하면 그만이지만, 학교교육을 받지 않고도 천재적인 음악가가 될 수 있다면 보통사람들도

학교교육 만능으로부터 조금은 자유로울 수 있을 것이다.

인터뷰를 한 사람들 중, 현재 우리나라의 부모들이 바라고 있는, 착실하게 공부해서 일류대학을 졸업한다는, 이미지에 맞는 사람은 한 명도 없었다. 내가 이분들을 선택할 때, 일류대학 출신자를 제외하려는 의도는 없었다. 단지, 여러 분야에서 대단히 창의적으로 활동하시는 분들 중, 자유롭게 이야기를 할 수 있는 사람을 선택한 결과, 이러한 공통점이 나온 것이다.

아동문학가인 소노(庄野英二) 씨는 가고자 했다면 인문계 고등학교에 진학할 수 있는 조건을 갖추고 있었지만 농업학교에 진학하였다. 이것은 부친의 뜻에 따른 것이었지만, 유머가 풍부한 그의 작품은 '학교교육'의 성과라고 생각되지는 않는다.

생각해 보면 '학교교육'은 일반적으로 알아야 하는 것을 모두에게 똑같이 가르치는 것이 목적이므로 창조적인 사람과 그다지 관계가 없는 것은 당연한지도 모른다. 시인 타니가와(谷川俊太郎) 씨의 인터뷰에서 "대학에 가지 않아서 좋았다고 생각하십니까?"라고 질문하자, "그렇다고 단언할 수 없다"라고 대답하였다. 역시 대학에 가는 편이 일반적인 지식을 능률적으로 넓게 받아들일 수 있어서 좋을 거라는 뜻이다. 단지 여기에서 어려운 점은 학교교육이 획일적이고 조금이라도 이질인 것을 배제하고자 하는 힘이 지나치게 강하기 때문에 아무래도 창의성이 높은 사람이 학교에 적응하기에는 어려움이 있다는 점이다.

이제부터 교육도 변해가지 않으면 안 되지만 일류대학에 진학하는 것이 '좋다', 학교에 가지 않는 것은 '나쁘다'는 식으로 단순하게 결정할 문제는 아니라는 것을 알아야 한다.

## 2. 창의성은 개성에서 나온다

최근 특히 '개성을 신장한다'는 측면이 교육에서 강조되고 있다. 이는 글로벌사회에서 획일적이지 않고, 각자의 개성을 소유한 인간으로서 국제적으로 교류할 필요성이 강조되고 있기 때문이다. 이러한 이유로 초등학교 교육은 물론이고 유치원에서부터 개성을 찾기 위해 조기교육이 붐을 이루고 있는 실정이다. 그러나 이와 같은 개성의 발휘에는 상당한 '문제'가 도사리고 있다.

## 성공하려면 좋아하는 것을 해라

개성의 발휘, 그 시작은 '좋아하는 것'에 열중하는 것부터라고 생각된다. 작가인 오오나와(大庭) 씨는 아이 시절부터 독서를 좋아하고 열중하였다고 한다. 그것도 어른 책을 읽는 것을 좋아하여 초등학교 5, 6학년 때부터 세계문학전집을 읽었고, 여고시절에는 전쟁 중이어서 전래동화, 역사이야기 등을 원문으로 무작정 읽었다는 것이다. 당시 서양의 문학이나 소설 등은 연약한 심성을 부추긴다고 하여 '문제의 책'으로 간주되었다. 반면, 전래동화, 역사이야기 등은 우리나라의 것이기 때문에 허용되었다는 것을 보면 어른들이 설정하는 '문제의 기준'이라는 것도 실로 형편주의적인 단면을 드러내고 있다.

이 점은 어쨌든, 독서에 몰두했던 오오나와 씨의 아이 시절의 친구관계를 묻자 "대단히 고독했습니다"라고 선신히 대답하였다. 이것은 낭연한 결과이다.

만약 이럴 때, 열성적으로 교육하는 교사라면 어떻게 말할까? '독서도 좋지만 친구관계는 더 귀중하다'라든지 '고독은 마음을 상하게 한다'라고 지도하지 않을까? 개성은 문제의 형태로 발휘된다. 다행히 오오나와 씨의 부모님은 이러한 아이의 독서를 그대로 받아들였다.

화가인 스가사(司修) 씨의 경우는 '영화광'으로, 공부도 하지 않고 영화만 보러다녔다. "이유도 모르고 그저 보고 싶다는 기분만으로 영화가 바뀔 때마다 보러갔으니까 영화에 미쳤었지요. 영화에 빠져 친구도 없었어요"라는 스가사 씨의 말은 교육자에게 시사하는 바가 깊다. '이유도 모른다'는 것을 아무런 의미가 없다는 것으로 단정할 수 없기 때문이다.

'밝고 친구와 사이좋게'라는 것은 물론 좋은 것이다. 그러나 어른들이 '좋은 것'이라고 해서 모든 아이들에게 강요하는 것이 과연 좋은 것일까? 오오나와 씨나 스가사 씨에게 부모나 교사가 밝게 생활하고, 친구와 잘 사귀라고 강요하였다면 어떻게 되었을까? 그렇다면 아마, 이분들이 현재와 같은 창의적 활동을 발휘하지 못했을지도 모른다.

상담자로서 중·고등학생과 상담할 때, "좋아하는 것은 무엇인가?"라고 묻는 일이 많다. 그중에는 "오토바이 폭주"라든지 "PC게임"이라고 말하고 웃거나 겸연쩍은 얼굴을 하는 학생들이 있다. 설사 위험한 것일지라도 그것을 정말로 좋아하는 것인가, 좋아한다면 어떤 면이 좋은가를 진지하게 물어 그 대답에 귀를 기울여야 한다. 그렇게 하면

그 대화로부터 뜻밖에도 그 청소년의 개성적인 삶의 태도
가 묻어나온다. 무엇인가를 좋아한다고 느끼는 것은 위대
한 일이다.

### 창의력이 강한 아이는 건방지다?

유치원에 가면 반드시 집단에 들어가지 않는 아이가 있
다. 모두가 나가 놀 때에 실내에서 멍하게 있는 아이가 있
는가 하면, 모두가 실내에서 선생님과 담화시간을 보낼
때, 혼자 밖에서 모래놀이를 하고 있는 아이도 있다. 이러
한 아이는 자칫하면 집단에 적응하지 못하는 '문제아'가
되는 경향이 있다. 교사도 그와 같은 아이를 집단 내에 넣
기 위해서 여러 가지 노력을 기울이게 된다.

그런데 만나본 열 분의 아이 시절은 집단에 적응하지 못
했던 경험이 많은 것을 알 수 있었다. 단, 극작가 이노우에
씨처럼 집단으로 나쁜 짓을 한 사람도 있었지만, 시인인
다니가와 씨는 일찍부터 '등교 거부'를 한 사람으로 학교
의 분위기에 정을 붙일 수 없었다고 했다. 이러한 것은 모
두가 획일적으로 행동해야 하는 생활을 따라갈 수 없는
거리감 때문에 비롯되었다고 생각한다. 창의력의 길은 일
반적인 경향과는 다소 다른 면이 있다.

시인인 다니가와 씨는 '건방지다'라고 하여 집단따돌림을 당한 체험을 이야기했다. '건방지다'라는 것은 집단에 동조하지 않는 행동을 할 때 자주 거론되는 말이다. 창의적 활동을 하는 사람은 아이 시절, 혹은 청년기에 '건방지다'라는 말을 많이 들었을 것이다. 우리 사회 분위기에서는 창의력이 있는 사람이 집단따돌림을 당하는 일이 많다. 이것은 어른 사회에서도 같다고 말할 수 있다.

미국에서는 오히려 개인차를 지나치게 강조하는 듯한 부분이 있다. 초등학교의 수업에서도 각각의 아이가 어떻게든 남과 다른 의견을 말하고자 하고, 교사도 그것을 지지한다. 그곳에서는 너무 남의 의견에 동조하면 오히려 '문제'의 낙인이 찍히는 것 같은 느낌이 들고, 개성을 전면에 내세우려고 한다.

우리 사회 분위기에서 '건방지다'라고 평가받는 아이가 미국에서는 그것과는 다르게 평가받고, 또한 '순진하다'라고 평가받는 아이는 미국에서는 개성이 없다고 할 것이다. 이러한 문제는 '문화의 차이'라고 생각하지만, 우리 사회 분위기에서는 아무래도 창의성은 문제행동과 근접하게 자리잡고 있다고 인식하는 경향이 강하다.

## 3. 자립은 창의력에서 나온다

창의력이 높은 사람은 자립적이다. 자신의 생각, 자기의 판단 등을 근거로 하여 확실히 서는 힘이 있다. 그렇다고 해도, 아이는 어른의 보호 아래서 성장하므로 자립에 이르는 단계로 우선 '반항'이 생겨나게 된다. 인간은 누구라도 발달에 상응한 자립을 해나간다. 일반적으로 제1반항기, 제2반항기라는 말이 있듯이 아이들은 그 나름대로의 반항기를 갖고 있다. 단지 창의력이 높은 사람은 반항의 정도가 다른 사람과 다르며, 반항에 그치지 않고 문제 행동은 자립의 계기를 제공한다.

### 문제학생은 다른 학생을 위해서 퇴학시켜야 한다?

사상가인 쓰루미 씨는 이미 말하였듯이, 대통령이라도 될 수 있는 대 정치가의 집안에서 태어났다. 어머니는 장남인 쓰루미 씨를 '군인'으로 키우려고 하였다. 그는 무엇이든 절대로 우수하지 않으면 안 되는 집안 분위기 속에서 오히려 '장남이 도대체 뭐야!'라고 반항하며 카페에 빠지고 약물에 빠져 비틀거리는 괴롭고 괴로운 처지였다.

어머니에게 대항했으나 아무런 효과도 없었다. 결국 그는 자살이라는 수단에 호소하게 되었다. 손목을 자르거나, 독극물을 마시거나, 약물에 빠지는 등 여러 가지를 시도하였다. 정말로 처절한 반항이었다. 그것은 어머니에 대한 일종의 반항이었다.

그의 말에 의하면 동기는 지금 생각하면 단순한 것이었다. 어머니에 대하여 분명하게 반항하여 세상에 복수하고 싶었던 것이다. 자해적인 자책이었다. '나는 나쁜 인간으로 살 수밖에 없다. 나는 나쁜 인간이니까 죽는다. 그렇다, 그것도 생의 원천이다.'

혹시 이러한 상황을 읽으며, 쓰루미 씨의 어머니를 '나쁜 어머니'라고 평가하는 것은 속단이다. 쓰루미 씨도 그 점에 대해서는, 자기의 누님과 동생에게 있어서 어머니는 '좋은' 어머니라고 이야기한다. 이것이 가족관계에서 '운명'이라고 부를 수밖에 없는 역동적인 부분이다. 형제 중에서 누군가가 '반항'의 역할을 확실히 짊어지면, 다른 아이는 악역을 맡을 필요가 없게 된다. 가족은 종종 전체로서의 운명을 짊어지는 부분이 있다.

쓰루미가문의 어머니와 아들의 이 무서운 대결을 이해하면, 두 사람 중 어느 쪽이 '나쁘다'가 아니라, 그와 같은 운명을 짊어졌다고 생각해야 된다. 쓰루미 씨의 그 후의 인생을 보면, 대결해야 할 상대를 개인으로서의 '어머니'를 넘어서 이 과제를 극복하였다. 소년이 어머니와의 관계 속에서 했던 반항 행위는 상식적으로 판단한다면 '문제아'라는 평판이 붙여진다. '옳은' 것을 주장하는 어머니와의 대결 속에서 아무리 해도 이길 수 없는 아이로서는 훔치기, 성에 대한 강한 관심, 반항적인 장난 등에 매달리지 않을 수가 없다. 이러한 여러 가지 문제행동이 중복되어, '나는 문제아, 나쁜 놈'이라고 자신의 모습을 갖게 된 아이가 어떻게 문제행동을 창의력의 기폭제로 만들어, 오늘날 대 사상가가 되었을까? 나 자신이 교육자로서, 과연 자신이 담임했던 아이 중에 이러한 '문제' 학생이 있을 때 적절하게 대처하였는지 돌아보면 식은땀이 난다. 그러한 '문제' 학생은 다른 학생을 위해서도 퇴학시켜야 한다고 생각했던 것은 아닌지? 창의력이란 교육자에게 상당히 무서운 것이기도 하다.

## 학교에 가지 않는 학생은 전부 나쁜 학생이다?

최근에는 학교에 가지 않는 '등교거부' 현상이 증가하고 있다. 전에는 '학교공포증'으로 아이가 고집을 부리며

등교를 거부하든지, 혹은 아이가 학교를 무서운 곳이라고
생각하는 등의 문제였으나, 최근에는 등교하지 않는 이유
나 그 상태가 실로 다양하다.

　동물학자 히다카(日高敏隆) 씨의 초등학교 시절의 이야
기는 그야말로 '등교거부'의 전형적인 예가 될 수 있다.
'이제 학교가 싫어져서 절대로 학교에 다니지 않겠습니
다'라고 말하는 문자 그대로의 등교거부였다. 당시는 군
벌의 힘이 학교교육에도 미쳤으며, 특히 히다카 씨가 다
니던 초등학교는 그 시절 군국주의 교육을 보여주는 전형
적인 예가 되는 곳이었다. '조회 시간 때, 선생님이 눈을
부릅뜨고 학생들이 줄 서 있는 사이를 걸어가다 누군가
조금이라도 곁눈질을 하면 주먹으로 때리고 넘어지면 심
하게 발로 차는' 무서운 초등학교였다. 히다카 씨는 병약
하여 이러한 군국주의 교육을 견딜 수 없었다. 게다가 히
다카 씨는 아이 때부터 곤충에 흥미가 있었다. 지금이라
면 몰라도, 당시에는 '곤충을 연구해서 밥은 먹을 수 있을
까!'라고 말하던 시절이었다. 부모도 히다카 씨가 곤충에
흥미를 갖는 것을 싫어했다. 학교도 싫고, 이처럼 병약한
자신은 어차피 청년이 되어도 괴로운 인생이 될 것이 뻔
하기 때문에 히다카 씨는 자살을 결심하였다.

그런데 히다카 씨에게는 훌륭한 담임선생님이 계셨다. 어떻게 알았는지 히다카 씨의 자살 의도를 간파하고, 부모님에게 아이가 죽으려고까지 생각하니 뭐든 좋아하는 것을 시키라고 권유하여 곤충학을 하도록 허락받았다. 그리고 그에게는 곤충학을 공부하기 위해서는 학교의 다른 과목을 공부할 필요가 있다고 설득하여 등교하기를 권했다. 이 선생님이 더 훌륭하였던 것은 그 학교가 히다카 씨에게 맞지 않는 것을 인정하고, 다른 초등학교로 전학을 하게 하여 학교를 다니게 하였다. 우리는 여기에서 '등교거부'를 히다까 씨의 자립의 계기로 이해해보고자 한다.

우선 이 때 히다카 씨의 '등교거부'는 학교에 대한 반항이었다. 더구나 그것은 시대조류에 대한 반항으로도 볼 수 있다. 자립을 위한 반항은, 반드시 부모를 대상으로 할 필요는 없다. 자기를 둘러싸고 자신을 삼키려 하는 것에 대하여 대항하는 것이다. 그러니 부모에게 대항하는 것과 비교하면 시대 흐름에 대한 반항은 정말 엄청난 일이다. 아이는 반항에 좌절하여 자살을 선택하게 된다.

급격한 인격의 변화는 심층심리학적인 상징으로 '죽음과 재생'의 과정으로 표현한다. 인격이 돌연히 변화할 때는 그 배경에 여러 가지 형태의 '죽음'으로 도사리고 있는 일이 많다. 자살은 물론 막아야 한다. 사상가인 쓰루미 씨나 동물학자인 히다카 씨가 정말로 자살하였다면 국가적으로 대단히 귀중한 인재를 두 사람이나 잃었을 것이다. 자살은 '문제'이다. 그러나 그렇다고 해서 자살은 무조건 나쁜 것이라고 치부해버리지 못할 부분도 있다. 자살할 만큼의 죽을 고비를 넘기면서 두 사람의 자립성이 높아졌기 때문이다.

어른이 '문제'라고 하는 것을 아이가 감히 행동하는 것은 어른에 대한 일종의 선전포고 같은 것이다. 이는 '사람이 살아가는 것은 어른이 말하는 대로 사는 것은 아니다'라는 의미의 표현이다. 어른이 되어 자기의 아이 시절을 되돌아보며, 자립의 계기로 어떤 의미의 '문제'와 관련되어 있는지 알아차리는 사람은 많지 않다. 이것은 물론 위험한 것이다. 잘못하면, 정말 추락하는 문제의 길로 이어질 것이다. 그러나 우리들의 삶에 위험부담이 없는 의미 있는 일은 좀처럼 없다.

## 4. 나쁜 짓과 상상 그리고 창의성

창의성은 상상에 의해서 지탱되고 있다. 상상하는 힘이

없으면 창의력은 발휘될 수 없다. 다만 상상이라도 그 수준이 문제이다. 가볍게 도피적으로 이루어지는 상상은 인격의 표층만이 관계되어 있을 뿐이며 머리를 조금 쓰면 누구나 할 수 있다. 창의력으로 이어지는 상상은 자신의 존재 전체와 관계되어 다가온다. 때로는 지적인 조절에 의해서는 멈출 수 없을 정도로 상상의 기능은 자율성을 갖고 있다.

상상에는 '문제'와 관계되는 일이 많다. 아이 때에 '나쁜 공상'을 즐긴 경험이 있을 것이다. 성에 관한 것, 돈을 훔치는 것, 폭력을 휘두르는 것, 게으름 피우는 것 등등 상상의 수준이 깊어질수록 평소에 억압된 내용들과 관련되어 있다.

## 훔치는 충동과 창작활동은 뿌리가 같다

작가인 다나베 씨는 마음이 따뜻하고 사물의 분별이 분명한 부모님 아래서 경제적으로도 여유있게 자랐다. 일반적 의미의 '좋은 가정'에서 모두에게 부러움을 받으며 성장했다. 그렇다면 성장기에 아무 문제도 없었던 것일까? 그녀는 '아이 시절'에 대해서 먼저 미아가 되었던 체험, 다음으로 "나쁜 짓만 했던 기억이 있다"라고 말하였다.

다나베 씨는 훔치기에 관해서 이야기하였다. "훔치는 충동 때문에 여학생 시절에 고민을 많이 했어요. 큰 고서점이 있었는데, 점원이 적어서 눈에 잘 띄지 않아 아주 쉽다고 생각했어요. 훔치지 않으려고 아무리 결심을 해도 되지 않았어요. 그것도 특히 돈이 있을 때에 한해서 훔치고 싶었지요"라는 것이다. 그것은 초등학교 6학년 정도부터 시작해서 여고 2학년까지 계속되었으므로, 그 충동을 억누르기란 여간 쉬운 일이 아니었을 것이다. 도대체 어째서 그러한 일이 일어나는 것일까? '돈이 있을 때에 한해서' 훔치고 싶어지니까 경제적인 이유가 아닌 것은 분명하다.

그런데 그 훔치는 충동은 고등학교 2학년 때에 돌연히 없어졌다. 그 때, 다나베 씨는 '소설 비슷한 것'을 쓰기 시작했다. 학급 친구가 그것을 읽고 재미있어 하여 계속 쓴 것 같다고 했다. 그것이 현재의 작가활동의 시작이었던 것은 물론이다. 이것을 듣고 우리가 생각해야 하는 것은 '훔치는 충동'과 '창작 활동'은 뿌리에서 묘하게 연결되어 있다는 것이다.

훔치기에는 여러 가지 심리적 배경이 있으나, 다나베 씨의 경우는 창작으로써 자기의 안에 있는 것을 표현하기 전에, 밖에 있는 것을 무엇이나 자기의 내부에 넣고 싶은 충동에 사로잡혀 있던 것이라고 생각해보자. 그리고 그것은 명확히 의식된 것이 아니라 존재의 깊은 곳에서 꿈틀거리는 것만으로 '문제'의 형태를 취하기 쉽고, 훔치기라는 욕구의 모습으로 나타난 것이다. 또한 훔치고 싶었던 것이 '헌책'이라는 것도 재미있다. 옛날부터 있는 여러 지식이나 이야기, 그것을 이야기하는 수법 등을 다나베 씨는 '훔치려고' 한 것이다.

## 선량한 자는 창조하지 않는다

다나베 씨의 훔치기와 창작의 관계에 대해서 생각할 때, 시오란의 '선량한 자는 창조하지 않는다. 그는 상상력이 결핍되어 있다'라는 말이 떠올랐다. 이것은 실로 명언이다.

문제행동을 지도할 때에 옳고 그름의 태도에 따라서 선악을 재단하여 비리는 것은 적절치 못하다고 생각한다. 다양한 시각으로 바라보면 어떨까? 인간의 사고방식에서는 '옳다, 그르다'라는 이분법적 사고를 벗어나 다양하게 받아들이는 것이 가능한 사고방식이 있기 때문이다. '발칸의 파스칼'이라고 부르는 시오란은, 선악을 명확히 구별하여 악을 배제하고자 하는 단순한 사고를 라디칼에서 비판하고 있다.

시오란의 저서 『나쁜 조물주』의 일부를 조금 길게 인용하여 보자.

> '선량한 신, 하나님 아버지께서 창조의 스캔들에 관여했다고는 믿기 어려운 일이며, 믿을 수 없는 일이다. 이것은 예를 들 필요도 없이 분명하다. 왜냐하면 전지전능한 신에게는 아무리 쉬운 일이라고는 해도, 하나의 세계를 만들기 위해서는 상상력이 불가결하다. 어느 것이나 창조에는 상상력이 필요하고 '선량한 자'는 옳고 그름에 따라 행동하므로 상상력이 결여되어 있어 창조가 불가하다. 따라서, 이 세상을 창조한 신은 '나쁜 창조주'일 것이 틀림이 없다'

라고 말하는 것이 시오란의 주장이다. 종교에 관련되는 부분은 언급하지 않으며, 이 '선량한 자는 창조하지 않는다'라고 하는 것은 많은 예를 들어 언급하여 온 '창의력과 문제행동'에 확실히 호응하는 말이다.

축복받은 가정에서 자라 선악에 따라 분별있게 행동하는 '좋은 아이'의 틀을 유지했다면, 다나베 씨는 그처럼 멋있는 작품을 많이 만들어 낼 수 없었을 것이다. 돈이 있어 살 수 있는데도 불구하고 훔친다는 나쁜 행동의 형태를 취하여 창작에 관계되는 마음의 활동이 나타나는 것을 차근차근 고찰해본다면 아이들 자신도 모르게 일어나는 훔치는 충동의 심리를 바르게 지도할 수 있는 방향을 찾을 수 있을 것이다.

이렇게 말한다고 해서 무분별하게 나쁜 문제행동을 칭찬하는 것은 아니다. 물론 나쁜 문제행동은 대단한 파괴력을 갖고 있다. 이미 언급하였듯이 사상가 쓰루미 씨나 곤충학자 히다카 씨가 실제로 자살해버렸다면 큰일이었을 것이다.

히다카 씨의 경우 멋있는 담임교사가 있었다. 쓰루미 씨의 경우도 결국은 어머니로부터 떠나는 것이 아이에게 도움이 된다고 단호한 결정을 내려 미국 유학을 보내기로 한 아버지가 있었다. 이와 같이 문제행동이 긍정적으로 변화될 때, 거기에는 중요한 타인이 얽혀 있는 것도 하나의 중요한 요인이다. 그것은 언제나 꼭 일이닌디고는 할 수 없으나, 다나베 씨와 같이 돌연히 일어난다.

이와 같이 여러가지 예를 보면 '문제행동'이라는 것이 실로 한 방향으로만 파악되지 않는 어려운 것임을 알 수 있다. '문제행동'이 없어야 한다고 간단하게 단언할 수 없고, 그렇다고 있는 것이 좋다고 말할 수도 없다. 그것은 이면성과 역설을 갖고 있기 때문이다. 그래서 먼저 '문제행동과 창의력'의 관련성이 중요하다고 생각하여 초반부에 다루었다. 이제 도대체 문제행동을 일으키는 악(惡)이란 어떤 것인가에 관해서 깊이 있게 접근해보기로 하자.

# 둘  문제행동의 나쁨이란 무엇인가?

서두에 '문제행동과 창의력'을 다루어 문제행동 자체가 없어져야 한다고 생각하는 사람에게는 조금 충격이 될 수 있음을 언급하였다. 교사나 부모가 문제행동을 배제함으로써 '좋은 아이'를 기르려고 초조하게 되면, 결국은 더 큰 문제행동을 초래하게 된다는 점을 인식해주었으면 한다.

문제행동을 일으키는 나쁨(惡)을 어떻게 정의할 것인가? 이것은 의외로 어려운 일이다. 특히 기독교 문화권에서는 신의 말씀을 따름으로써 선악의 판단이 대단히 명확하다. 그러면 그와 같은 지고지선(至高至善)의 신이 이 세상을 창조할 때에 선과 함께 악을 그 안에 집어넣은 이유는 무엇일까라고 생각하기 시작하면 이 문제는 대단히 어려워진다. 그러한 이유로 악은 종교, 윤리학에서는 지극히 중요한 것으로 논의되어 왔다.

그러나 본서에서는 '악의 심리'를 바탕으로, 상담을 전문으로 하는 사람으로서, 악이란 무엇인가에 관해서 전문적인 입장에서 정리하고자 한다.

## 1. 악의 심리학

『악의 철학 노트』(岩波書店, 1994)를 보면, 악에 대해 이론적으로는 거의 해명되지 않았다고 언급하고 있으며, 인식학에서도 악은 대단히 벅찬 상대라고 지적하고 있다. 따라서 '악의 철학'이라는 것은 예외적인 것을 제외하고는 존재하지 않았다.

그러면 심리학은 어떠하였는가? '악의 심리학'이라는 저서는 지금까지 들어본 일이 없다. 참으로 의외이겠지만 심리학의 전통에서 바라보면 오히려 당연한 것이다. 심리학은 근대가 되어 근대과학의 방법론에 의해서 학문체계를 만들어 왔기 때문에, 선악이라는 가치 판단은 오히려 연구의 대상에서 제외되거나 악이라는 것은 처음부터 문제가 되지 않았다. 따라서 '악의 심리학'은 전혀 생각할 수 없었다. 더구나 인간의 주관적인 세계를 다루는 상담 심리학은 20세기 늦게 출발하였다. 이것을 전공하는 필자는 아무래도 악이라는 것을 피하고는 연구가 진전될 수 없다고 생각하여 여기에 그 시론(試論)을 서술해보고자 한다.

## 악은 존재할까?

우리나라에서 '학(學)'이라는 것은 모두 유럽에서 시작된 이론을 모델로 하고 있다. 그래서 먼저 유럽으로 눈을 돌려보면 그곳에서는 실제로 긴 세월 동안 '악은 존재하는가', '악은 어디에서 오는가'에 관한 논쟁이 계속되었다. 그것은 이미 언급하였듯이 지고지선의 유일한 신을 받아들이는 한, 악이 어디에서 오는가를 설명하는 것은 지극히 곤란하다. 이 문제를 해결하기 위해서 악이란 '선의 결여'라고 말하는 이론이 신학 안에서 생겨났다. 신이 창조한 세계이기 때문에 원래는 악이라는 것은 없는 것이지만, 선의 결여 상태로서 악이 존재하는 것이라고 생각한다. 이것은 신학적으로는 훌륭한 생각이다. 현실을 보면 악이 존재하고 있고, 그렇다고 신이 악을 만들었다고도 할 수 없기 때문에 이러한 설명을 생각해낸 것이다. 이론적으로는 그렇다고도 말할 수 있지만 생활에서 실제로 부딪히는 느낌으로는 악은 존재하고 있다고 말하고 싶다. 아무리 생각해도 '악한 사람'이라고 부르고 싶은 사람은 있고, 개인적인 경우를 보더라도 스스로 '나쁜' 짓을 했다고 생각할 때가 있다.

　아이의 마음속에도 부모에게 꾸중을 듣기 전에 자기 나름대로 '나쁜' 짓을 했다고 느끼는 경우가 있다. 성장기 아이들을 보면 세 살만 되어도 자기 나름대로 '나쁘다'라고 느끼는 모습을 볼 수 있다. 또는, 나쁘다는 것을 알고 아이 나름대로 나쁜 짓을 어떻게든 숨기고 넘어가려고 속이는 행동을 보이기도 한다.

　다음에 초등학교 일학년생인 고다 군의 시를 소개한다.


　거 짓 말

저는 학교를 쉬었습니다.
어머니에게 거짓말을 하였기 때문입니다.
무슨 거짓말인지는 말할 수 없습니다.
어머니를 울리고 말았습니다.
저도 울었습니다.
어머니는

네가 이렇게 동정심이 없는 아이라고는 생각하지 않았다.

이렇게 화가 나기는 처음이다라고 말했습니다.

나는 바보이며 얼간이이고

멍청한 짓을 했다고 생각했습니다.

나도 슬퍼서 마음이 아픕니다.

그래도 어머니는

고다가 가장 좋다고

껴안아 주었습니다.

앞으로 두 번 다시 하지 않겠습니다.


이 시를 읽으면 초등학교 일학년 아이가 자신이 행한 '악'을 매우 확실하게 자각하고 있는 것을 알 수 있다. 그리고 그 일에 대한 자책의 의지도 명백하다. 나쁜 짓 때문에 아이가 슬퍼하고, 어머니가 슬퍼하며 속상해 한다. 그러나 그 후에 어머니와 아이의 마음은 이전보다도 더 서로 통하는 사이가 된다.

어렵게 생각하지 말고 '악'이 존재하는 것을 인정하고, 그것에 대하여 인간의 마음이 어떻게 움직이는가, 거기에서 어떤 일이 일어나는가를 보아야 한다.

## 집단의 질서를 파괴하는 것은 악이다?

악이 무엇인가를 정의하는 것은 어렵다. 앞에서 인용한 『악의 철학 노트』에서는 악을 '존재의 부정 혹은 생명적인 것의 부정'으로 파악하고 있다. 가장 명백한 경우를 생각하면 인간은 자기를 죽이려 하는 사람에 대하여는 '악'이라고 느끼지 않을까. 그리고 그것에 맞서서 싸우지 않으면 안 된다고 생각한다. 이것을 출발점으로 인간은 자신의 생명을 유지하기 위해 집단을 만들고 그 집단의 부정을 악이라고 해서 대항하게 된다.

여기에서 악의 문제가 복잡해지는 단서가 있다. 요컨대 집단의 유지에는 어떤 종류의 규약이 필요하며, 그 규약을 지키지 않으면 악으로 취급된다. 그중에는 편의적인 것도 있으나, 그것을 지키지 않으면 집단의 질서가 파괴되기 때문에 그것은 악이 되는 것이다. 그렇다면 이러한 것을 알고 악이 무엇인가를 알면 인간은 악한 행동을 하지 않느냐 하면 그렇지 않다는 것에 인간의 아이러니가 있다. 인간은 나쁘다는 것을 알고 있으면서도 나쁜 짓을 한다.

질서를 파괴하는 것이 자신에게 이익이 되는 것도 아닌

데, 손해라는 것을 알면서도 인간은 행동하는 경우가 있다. 이것은 어른이나 아이나 마찬가지다. '악의 유혹'이라는 표현이 있다. 이러한 파괴성, 즉 악이라고 이름짓고 싶은 경향을 '인간의 마음'이 갖고 있다는 것을 인정하지 않을 수 없다.

또한 자기의 이익을 우선하여 주위를 배려하지 않거나 혹은 무시함으로써 생기는 악도 많다. 자신의 형편상 '거짓말'을 하였을지라도 거짓말이라는 것은 질서를 파괴하는 힘이 강하기 때문에 '악'으로 취급받는다. 집단 전체의 규칙을 지키지 않은 것이다.

악을 행하면 안 된다는 것은 악의 규준(規準)이 문화에 따라 다소 차이는 있으나 어느 문화에서도 강조되고 있다. 그러나 어떤 문화에서도 나쁜 사람이 근절된 일은 없다. 역시 악의 존재라는 것은 인간생활과 함께 존재하는 부분인 것이다.


## 2. 창의력의 배후에는 파괴가 있다

악한 사람이 없어지지 않는다는 것은, 인간의 마음에 본래 악이 존재하기 때문이라고 할 수도 있으나, 그것이 인간의 삶에 어떤 의미를 갖고 있기 때문은 아닐까 생각해 본다. 악은 이상한 양면성을 갖고 있다. 그것을 단적으로 나타내는 예는 앞서 전개한 '문제행동과 창의력'일 것이다. 이 점은 창의력의 배후에는 '파괴'가 따라다닌다고 말할 수 있다. 우리가 살고 있는 세계는 이미 질서를 유지하기 위한 규약을 갖고 있다. 그 안에서 무엇인가를 새롭게 만들어내고자 하면 오래된 것을 파괴할 필요가 있다. 다만 그것이 파괴만으로 끝나버리면 무의미한 것이 된다.

## 악에는 생명력이 있다

아이들을 보면 빈 캔을 세게 차거나 상자를 밟아 부수며 매우 기뻐하는 일이 있다. 아이 시절에 느껴본 파괴의 매력에 대한 경험들이 떠오를 것이다. 아이들은 그것 자체에 매력을 느낀다. 창의적인 일로 이어지는 파괴라고 인정하기는 어려우나 이러한 행동이 점차 장래의 창의적 활동을 준비하는 것인지도 모른다.

악의 매력을 이야기한 명문으로 헤르만 · 헤세의 『데미안』을 예로 든다. 청소년기의 필독서이다. 헤르만 · 헤세 자신의 어린 시절 체험을 그대로 묘사하고 있는 『데미안』의 첫머리에는 '두 가지 세계'에 대한 이야기가 나온다.

주인공은 10세의 소년으로 '한쪽의 세계는 내가 태어난 집으로 부모님을 포함하는 작은 세계에 불과하다. 이 세계는 대부분 나에게 익숙한 곳으로 그 이름은 부모라고 하였다. 그 이름은 애정과 엄격, 모범과 훈련이며, 이 세계에는 따뜻한 빛, 명확함, 그리고 청결함이 소속하고 있었다. 여기에는 온화함, 온순한 말, 깨끗이 씻은 손, 청결한 의복, 좋은 습관이 유지되고 있었다.'

　이것에 대한 '또 하나의 세계'는 어떠할까. '이 또 하나의 세계는 이미 우리 자신의 마음 안에서 시작되었다. 전혀 모양도 다르고, 냄새도 다르고, 말도 다르고, 별도의 것을 약속하거나 요구하기도 하였다. 이 제2의 세계에는 견습생이 있고, 괴담이나 추문이 있었다. 거기에는 터무니없고, 마음을 흔드는 무섭고 수수께끼 같은 사물의 복잡한 흐름이 있고 도살장이나, 형무소나, 주정뱅이와 고함치는 여자들, 새끼를 낳는 소, 기진맥진한 말, 강도나 살인, 자살 등의 화제가 있었다.'

　여기에서 이야기되는 두 가지 세계에 관해서 잘라 말하면 앞의 세계가 '선'이고, 뒤의 세계가 '악'이다. 그리고 『데미안』의 주인공 소년은 점점 그 악의 매력에 끌려간다. 어째서 그럴까? 어쩌면 악의 세계가 미지의 세계를 품고 활력에 차있기 때문은 아닐까? 그것은 확실히 '무서운' 세계이지만 '흥미를 돋우는' 것이 있고, '수수께끼 같은 사물'이 있고 '다이내믹한 움직임'이 있다. 이것에 반하여 '선'의 세계 쪽은 평화롭고 좋지만 너무나 분명하고 정돈되어 있어 여차하면 지루하게 된다. 혹은 딱딱해지기 쉽다고 생각된다.

이렇게 보면 '악'은 생명력이 있고, 매력적이다. 그렇다면 '악'은 좋은 것이 아닐까라고 반문할 수 있지만 그렇게 간단하지가 않다. 그것이 갖는 파괴력에 직면할 때는 실로 무섭다. 『데미안』의 주인공도 악의 세계에 접근하여 무서운 경험을 한다.

### 몸과 마음을 나눔으로써 근대의학이 진보했다

스피노자의 『에티카』는 제목대로 윤리서이다. 이 책은 난해하여 우리 같은 보통사람들에게는 여간 이해하기가 어렵지만, 그의 주장 중에 하나가 악을 '관계의 해체'라고 파악하고 있다. 확실히 이것은 적절한 표현이다. 여러 가지 악의 양상을 생각하면 거기에 어떤 종류의 '관계의 해체'가 존재하고 있는 것을 알 수 있다.

그러나 깊이 탐구해보면 이야말로 근대 자연과학의 명

제 그 자체라는 인상이 강하다. 본래 인간은 자연의 일부로서 살아왔는데, 그 관계를 해체하고 인간이 자연의 외부에 서서 자연과 관계가 없는 것처럼 관찰을 한 것에서부터 근대과학이 시작된 것은 아닐까? 또한 인간존재로서 심신이 전체성을 유지해야 함에도 불구하고 감히 마음과 몸으로 나누어 연구함으로써 근대의학은 진보했다고 본다. 이러한 현상을 보더라도 악의 양면성은 분명해진다.

관계의 해체에 의한 근대의 과학기술을 인류의 진보로서 기뻐하는 입장에 서면 그것은 '선'으로 연결되고, 최근에 의식되어 왔듯이 자연파괴를 반대하는 입장에 서면 그것은 '악'으로 연결된다. 인간이 자연 그대로라면 오늘의 문명은 없었을 것이고, 그렇다고 해서 그 발전을 '선'이라고 하여 무조건 기뻐할 수 없는 것이 현대가 직면한 상황이다.

이야기가 조금 '청소년의 문제행동'에서 멀리 떨어진 듯하지만 아이들의 교육이나 양육의 입장에서 생각할 때, 지금-여기의 시점에서 이 분야까지 생각하지 않으면 과연 어떠한 교육방법이 '좋은' 것인지 혼란스럽게 된다. 아이를 키울 때에 자연으로 돌아가라는 단순한 주장도, 자연과의 관계를 어떻게 갖느냐 하는 주장도 중요한 선택인 것이다.

## 3. 악은 늘 유혹적이다

악의 양면성은 끝없는 논제이다. 따라서 단순하게 악을 배제하는 선택은 다른 큰 '악'을 초래한다는 주장을 펴고자 한다. 그러나 악이란 무엇인가라는 일반론이 아니라, 한 사람의 인간으로서 살아가는 데 절대적으로 나쁜, 본인으로서도 변명할 여지가 없는 '악'이 있다는 것을 인정하는 것이 악의 심리학에서는 필요하다고 생각한다. 초등학교 일년생의 시에서도 '나는 바보고 얼간이이며/ 멍청한 짓을 했다고 생각했다'라고, 그것이 변명의 여지가 없는 악이라고 인정하였다.

### 우리는 모두 악의 체험을 한다

많은 사람들에게 읽혀온, 올콧의 『작은아씨들』에는 어쩔 수 없는 악의 체험이 훌륭하게 묘사되어 있다. 이것은 네 자매의 이야기로 언니인 메리와 조는 남자친구인 로리와 함께 극장에 간다. 여동생 에이미가 따라가고 싶어 하지만, 조는 귀찮아하며 울고 있는 에이미를 남겨놓고 가버린다. 화가 난 동생 에이미는 언니 조가 소중하게 여기는 그녀가 쓴 소설의 원고를 모두 태워버린다. 조의 화난 모습을 보고 에이미는 반성하며 잘못을 사과하지만 조는 용서하지 않는다.

그 후 스케이트를 타러 갔을 때, 남자친구인 로리는 조의 어린 동생 에이미가 뒤에서 쫓아오는 것을 보고, 얼음이 얇기 때문에 물가를 따라서 타라고 일러준다. 조는 그것을 들었지만, 그때 조의 마음속에 있는 '작은 악마'가 '에이미에게 들리지 않았으면' 하고 속삭인다. 로리의 위험경고를 듣지 못한 에이미는 얼음 속에 빠져 위태롭게 되었고, 로리의 재치로 어렵게 구조된다.

조는 아주 재기 불능에 빠졌다. 자기가 '작은 악마'의 속삭임에 따른 탓으로 어린 동생이 죽기 직전까지 간 것이었다. 그녀는 도저히 참을 수가 없어서 어머니에게 모든 것을 털어놓고 운다. 이러한 '악의 속삭임'은 누구에게라도 있다. 요컨대 근원악이라고 부르고 싶은 그 악은 언제나 인간의 마음을 잡으려고 한다는 것을 우리가 잊어서는 안 된다. 여기서 에이미가 죽으면 악의 양면성이라고 말할 수 없다.

악이 일정한 파괴의 수준을 넘을 때는 복원되지 않는다는 것을 인간은 알아야 한다. 그리고 그와 같은 가능성을 품은 근원악은 뜻밖의 경우에 불쑥 얼굴을 내미는 것이다. 그리고 나중에 생각하면 뭐라고 변명도 할 수 없는 상태로 인간은 근원악에 조종되고 있는 것이다. 이 메커니즘을 잘 알면 근원악이 일정한 파괴의 수준을 넘기 전에 우리는 멈추게 할 수 있다.

그것을 가능하게 하기 위해서는, 역시 어린 시절에 어떠한 깊은 근원악을 체험했을 때, 그 두려움을 알고 두 번 다시 악의 속삭임에 조정당하지 않도록 결심하는 것이 필요하다. 우리 주위의 많은 사람들이 이러한 체험을 갖고 있다. 그리고 그 때에 어른들이 어떻게 대처하였는가는 그 사람의 인생에서도 큰 의미를 갖게 된다.

## 악의 체험은 관계를 회복시킨다

아이들의 악의 체험에 대하여 어른들은 어떻게 대처하면 좋을까? 그것은 앞의 초등학생의 짧은 시에 잘 나타나 있다. 아이의 나쁜 행동에 대하여 어머니는 '이렇게 화가 난 것은 처음이라고 말했습니다.' 요컨대 엄한 질책이 있었던 것이다. 그리고 아이도 깊게 반성하였다. 그러나 그것만으로 이야기가 끝난 것은 아니다. '그래도 어머니는 고다 군을 제일 좋아한다며 껴안아주었습니다' 라고 시는 이어지고 있다.

여기에는 훌륭한 '관계의 회복'이 있다. 그리고 거기에서 회복된 관계는 이전보다 깊은 관계로 발전한다. 문제 행동을 범한 아이를 심히 질책하지만 그럼에도 불구하고 관계가 회복된다. 그것은 질책하는 측의 어른도 역시 인간으로서 근원악의 무서움을 체험한 적이 있기 때문이다. 근원악은 엄격히 거부하지 않으면 안 된다. 그럼에도 불구하고 그것을 범한 인간과 관계를 회복하는 그곳에 사랑이라는 것이 작용하는 것이다. 좋은 일을 많이 하는 사람과 관계를 맺는 것은 당연하고 구태여 사랑을 들먹일 필요가 없다. '그럼에도 불구하고'라고 말할 때 사랑의 작용이 있다.

이것은, 『작은아씨들』에서는 좀 더 구체적으로 이야기되고 있다. 조가 자기가 한 나쁜 짓을 후회하고 어머니 앞에 쓰러져 울었을 때에 어머니는 "그렇게 울지 말아라. 누구에게나 그런 경험은 있단다. 엄마도 비슷한 경험이 있었단다"라고 말한다. 여기서 어머니는 심판하는 사람으로서가 아니라, 근원악을 체험했던 한 선배로서 이야기하는 것이다. 더구나 그녀는 자신이 화 잘내는 것을 고치는 데 '40년이나 걸렸다'라고 이야기한다. 악과의 싸움은 그 정도로 간단하지 않은 것이다.

이러한 어머니의 태도에서 용기를 얻어 조는 여동생인 에이미와 '확실하게 껴안는다.' 여기에서도 훌륭한 관계의 회복이 있다. 그리고 이 자매의 끈은 전보다도 한층 더 강해진 것이다. 자매가 사이좋게 지내는 것이 좋은 것이라면 그렇게 하도록 노력하면 좋을 것 같지만, 그 관계가 해체될 정도의 악의 체험이 있고 나서 오히려 그 사이가 이전보다 더 깊어지는 것이 인생의 역동적인 부분일 것이다.

그렇다고 해서 악은 무엇이나 환영해야 한다는 것은 아니다. 『작은 아씨들』의 경우에서도 조금만 잘못되었으면 에이미는 익사하고 조는 일생 동안 동생을 죽였다는 죄책감을 안고 살아가지 않으면 안 되었을 것이다. 따라서 어른들은 아이들에게 근원악의 무서움을 알려주고 맞서 싸우는 용기를 길러주지 않으면 안 된다. 때에 따라서는 엄한 질책도 필요하지만 그 일로 아이와의 관계를 끊게 되는 것, 요컨대 아이를 비난하고 나쁜 인간으로 아이를 인식해버리는 것과는 별도의 것이다. 어른 자신도 인간으로서의 한계를 갖는 존재라는 자각이 아이들과의 관계를 연결하는 역할을 하고 있다. 그리고 그와 같은 깊은 관계를 배후에 감추고 악도 양면적인 모습으로 다가온다.

# 넷    훔치기에 숨어 있는 창의력

훔치기는 분명히 문제행동이다. 그러나 사유재산이 명확하게 정해지지 않은 곳에서는 훔치기의 정의도 애매해진다. 예를 들면, 대지와 같은 자연의 사유란 있을 수 없다고 생각하는 인디언에게, 토지의 사유를 인정하는 백인이 자기의 토지에서 생산된 곡식을 인디언이 '훔쳤다'고 단정을 짓는다 하더라도, 인디언에게는 모든 인간이 공유하는 대지의 혜택에 대한 할당을 받은 것에 지나지 않는다고 여긴다.

어린아이의 경우 이와 비슷한 일들이 많다. 갖고 싶으니까, 단지 단순히 무엇인가를 자기의 것이라고 생각하고 있어도, 그것은 어른의 입장에서 보면 남의 물건을 탐하는 문제행동이 된다. 물론 이러한 때에 어른은 아이를 다그치지 말고 그 행위를 '안 된다'라고 타일러, 남의 것을 제멋대로 갖는 것은 나쁜 행동이며, 악이라는 것을 가르쳐야 한다. 아이는 이같이 학습하며 배우지만 갖고 싶은 마음이 너무나 강할 때에는, 그만 자기가 소유하고자 한다. '우발적'이라고 하는 표현이 이러한 상태를 나타내는 데 적절하게 쓰인다. 어른이 되어서도 '우발적 행동'을 변명에 이용하는 사람도 있다.

그러나 훔치기를 '우발적'이라고 설명하는 것은 너무나도 표면적이다. 다른 많은 문제행동과 같이 훔치기 역시 그 나름대로의 의미를 가지고 있다. 훔치기는 나쁜 행동이므로 금지함과 동시에 훔치는 행동이 가지는 의미를 바르게 이해한다면 아이들의 훔치기에 대처할 수 있다.

## 1. 훔치기의 매력

훔치기는 나쁜 문제행동이라는 것을 잘 알고 있어도, 많은 사람들이 유혹에 끌려 훔쳐버린 추억을 갖고 있을 것이다. 어떤 훔치기는 '문제행동'이라는 낙인을 찍기보다는 '아이의 장난'으로 분류하는 쪽이 좋을지 모른다. 지금의 어른들의 아이 시절, '서리'라고 하여 남의 농작물, 수박, 감, 닭 같은 것을 조금 훔쳐먹는 풍습이 있었다. 물론 발견될 때는 꾸중을 듣게 되고, 그것이 나쁜 행동이라는 것도 알고 있었다. 그러나 거기에는 트릭과 매력이 있다.

'서리'는 가게의 상품을 훔치는 것과는 다른 것으로 무심하게 느꼈을 것이다. 분명하게 의식하지 않았다 하더라도, '대지의 혜택'에 대한 공유감 같은 것을 느끼는 것인지도 모른다. 어른들도 특별한 사람이 아닌 한, 화는 내더라도 심하게 '도둑놈' 취급은 하지 않았다. 이렇게 자연 속에서 자연스럽게 악의 체험을 할 수 있던 때는 행복한 시절이었다고 생각한다.

그러나 아이들의 훔치기라도 스케일이 다른 것이 있으며, 그것은 '악'의 세계에 속한다.

## 훔치기 이야기

앞서 예를 든 『데미안』을 보자. 『데미안』의 주인공인 10세의 소년 싱클레어는 행복한 상류가정의 아이지만, 자신도 모르는 사이에 '또 하나의 세계' 쪽에 마음이 끌리게 되었다. 근처의 장난꾸러기들과도 함께 어울렸고, 거기에는 그들보다도 한 단계 더 '악당'인 프란츠 크롬머가 나타났다. 크롬머에게 자신을 과시하여 관심을 끌고 싶었던 싱클레어는 길모퉁이의 물레방아 옆 정원에서 밤중에 사과를 훔친 이야기를 거짓으로 지어낸다.

소년 싱클레어는 스스로의 이야기에 취하여 거짓말로 지어낸 훔친 이야기가 끝났을 때 다소의 갈채를 기대하였다. 그러나 크롬머는 냉정하게 그것이 거짓말이 아니냐고 다그쳐서 소년으로 하여금 '천지신명에게 걸고' 정말이라고 말하게 해버린다. 이 다음이 큰일이었다. 크롬머는 훔친 것을 고자질하지 않는 대신에 입을 닫는 대가로 돈을 요구한다. 소년은 자기가 가진 시계나 컴퍼스를 주면서 용서해달라고 사정하지만 거절당한다. 소년에게는 크롬머가 요구하는 큰 돈이 없었다. 소년은 후회한다. '왜 나는 그와 함께 나갔을까? 왜 나는 아버지에게 보다 더 얌전하게 크롬머의 말대로 따르게 되었을까? 왜 나는 그런 엉터리 이야기를 꾸며내었을까? 마치 잡담이나 하듯 범죄를 자랑하였을까? 이제 악마는 내 손을 놓지 않는다. 이제 적은 내 뒤를 쫓아오고 있으며 나를 괴롭힌다.'

그말 그대로, 크롬머는 소년 싱클레어의 잡은 손을 놓지 않았다. 그는 자주 여러 가지를 요구하였고, 결국, 소년은 크롬머의 기분을 맞추기 위해서 가정부의 잔돈을 훔치게 된다. 지어낸 훔치기 이야기가 실제의 훔치기로 이어진 것이다. 훔치기뿐만 아니라, 크롬머는 다른 아이들 앞에서 소년에게 여기저기 심부름을 시키거나, 십 분간 한 다리로 서 있게 하거나, 지나가는 사람의 옷에 더러운 종이를 붙이게 하는 등의 놀림거리를 만들었다. 현재의 '집단 따돌림'과 같은 것이다.

물론, 소년의 가족들은 그가 이상해지는 것을 알아차렸다. 건강 상태가 나빠져 구토를 하였고, 그를 진찰한 의사는 냉수마찰을 하도록 하였으나 아무런 도움이 되지 않았다. 가정의 질서 정연한 평화 속에서 소년은 유령과 같이 벌벌 떨고 괴로워하면서 가족들과는 거리를 두게 되었고, 때때로 힐책하는 아버지에게는 더 말할 수 없었다.

그러나 소년 싱클레어는 평화롭고 따뜻한 가정의 축복받은 생활 속에서 어떻게 '훔치는 이야기'를 자랑스런 얼굴로 이야기할 수 있었을까? 어떻게 그것이 실제로 훔치는 행위로까지 이어져버린 것일까?

## 자립의 충동과 압박

싱클레어는 크롬머에게 거짓말인 훔치는 이야기를 하여 그에게 잡혀버렸을 때, 아버지에게 모두 이야기하면 아버지의 벌은 받지만 그에게서 구해줄 것이라고 생각하였다. 그러나 무엇인가 알지 못하는 힘이 작용하여 그렇게 할 수 없었다. 아버지의 얼굴과 마주쳤을 때, 아버지는 싱클레어의 구두가 젖어 있다며 잔소리를 하였다. 그것을 들으면서 소년의 마음은 점점 바뀌어 갔다. 거기를 헤세의 문장으로 소개해본다.

> '어떤 묘한 새로운 감정이 마음속에서 번쩍였다. 뾰족한 바늘을 몇 개인가 품은 질이 나쁜 신랄한 감정이다. 요컨대, 나는 아버지에 대하여 우월감을 품은 것이다. 나는 그저 한순간 아무것도 모르는 아버지의 무지에 대하여 일종의 경멸을 느꼈다. 아무것도 모르는 아버지의 젖은 구두의 질책이 시시하게 보였다.'

집 밖에서 일어난 일을 아버지가 알 리가 없다. 그 큰일도 모르고 젖은 구두에 구애되어 쓸모없는 이야기만 한다고 소년은 아버지를 경멸하는 것이다. 지금까지 소년의 마음에는 '전지전능의 아버지'라는 이미지가 있었다. 그와 같은 아버지를 온전히 따름으로써 소년은 생존했었다. 감미로운 '좋은 가정'이었지만 소년은 그 세계에만 머물수는 없었다. 성장과 함께 소년의 내면에 꿈틀대던 자립에의 충동이 그를 뜻밖의 악의 길로 쫓은 것이다.

이것은 부친의 존엄에 처음으로 입은 상처이며, 소년생활을 지탱하는 기둥에 처음으로 생긴 절단이었다. 그 기둥은 어떤 인간도 그 자신이 되기 전에 파괴했음에 틀림없다. 부모들이 모르는 여러 가지 체험으로 우리 운명의 내적인 중요한 선은 완성되어 간다.

자기 자신이 되기 위해서는, 그때까지 자신을 지탱하여 온 기둥을 파괴하지 않으면 안 된다. 그러나 이것은 매우 위험한 일이다. 이 때문에 기둥은 물론 자기 자신까지 파괴되어 가족이나 남에게 깊은 상처를 입혀버리게 된다. 싱클레어 소년도 그와 같은 위험에 내몰렸지만, 다시 일어나 어른으로서 성장해간다. 그 이야기는 『데미안』에 맡기기로 하고 훔치기의 의미에 관해서 좀 더 생각하여 보자.

## 2. 불을 훔치다

자립의 의지는 인간의 마음속에서 샘솟아 올라온다. 헤세도 말하였듯이 그때까지의 편안한 생활을 지탱해준 기둥을 파괴하고 싶은 형태로 나타난다. 그리고 그것은 때로 생사를 걸기조차 한다. 여기서 편안한 세계를 '선'이라고 하면, 그것을 지키지 않은 것은 '악'이 된다. 이 도식에 따라 말하면, 자립은 어떠한 악에 의해서 시작된다고 말할 수 있다. 그리고 그 '악'이 그대로의 나쁜 행동에 멈춰버리는 것인지, 새로운 질서 속으로 진전해가는 것인지는, 그 아이의 노력과 함께 아이를 둘러싸고 있는 사람의 조건에 의해서 규정된다.

따라서, 훔치기에 한정되지 않고 모든 악은 조금이라도 자립에 관계되는 곳이면 어디에나 있지만, 특히 훔치기가 문제로 나타나기 쉬운 것은 이 행위의 의미가 대단히 깊은 뿌리를 갖고 있기 때문이다.

### 프로메테우스

훔치기와 자립의 관계에 관련해서 그리스 신화를 아는 사람이면 바로 생각나는 것이 프로메테우스의 이야기이다. 이 이야기는 역시 인간의 본성과 닿아 있기 때문에 많은 문학작품의 소재가 되고 있다.

제우스는 인간에게 불을 주지 않았다. 인간은 밤의 어둠 속에서 야수를 두려워하면서, 물건을 삶거나 굽는 것도 알지 못하며 병에 걸리기 쉬운 생활을 하였다. 프로메테우스는 이렇게 인간을 방치할 수 없다고 생각하여 불을 신의 세계에서 훔쳐내려고 하였다. 그는 말린 잡초를 가지고 속이 빈 나무줄기를 타고 하늘에 올라가서 불을 훔쳐왔다. 그 이후 인간은 불을 얻어 이것을 여러 가지로 사용하게 되었다.

제우스는 프로메테우스에게 대단히 노하여 카푸카스의 높은 산줄기의 큰 바위에 그를 묶어 놓고 날개 큰 독수리에게 그의 간을 쪼아 먹게 하였다. 이리하여, 프로메테우스는 인류를 위해 대단한 괴로움을 짊어지게 되었다. 프로메테우스는 인류에게서는 불을 가져다 준 영웅이지만 제우스의 입장에서 보면 불을 훔쳐간 나쁜 놈이 된다. 그렇다고 해도 그의 형벌은 너무나 지독하였기 때문에 후에 제우스는 그와 화해하여 풀어주었다는 이야기도 있다.

프로메테우스 신화는 훔치기 이야기의 뿌리라고 하여도 좋고, 거기에는 자립하는 일의 어려움과 무서움, 그리고 그것이 '훔치기'에 의해서 이루어지는 것을 잘 나타내고 있다.

'불'이라는 것은 '불빛'이며, 어둠 속을 비추는 것이어서 종종 인간 '의식'의 상징으로 쓰인다. 개인이 자기를 '개체'로서 무엇에도 종속되지 않는다고 '의식'하는 것, 그것이 자립이다. 그러나 이것은 그 개인을 자기에게 종속시키고 싶다고 생각하는 사람에게는 '악'이라고 간주되고 용서할 수 없는 죄악이다. 거기서 '훔치기'라는 수단이 생겨나게 된다.

프로메테우스라는 '영웅'의 모습은 유럽의 문화 속에서 큰 위치를 차지하고 있다. 프로메테우스는 나중에 화해한다고 하더라도 한 번은 제우스와 대적하여 불을 훔칠 필요가 있는 것이다.

## 무엇이든지 원하는 것은 어머니가 줄게

지금까지의 서술이 훔치기를 칭찬한다고 생각하면 곤란하다. 그것은 어디까지나 나쁜 것으로 금지하지 않으면 안 된다. 그러나 그 악 속에 깊은 의미가 있다는 것을 알아주었으면 좋겠다. 이렇게 패러독스에 차 있는 것이 인생이고, 그것을 몸으로 체험한 선배로서 아이들의 문제행동을 접근할 때 문제 이면에 있는 의미를 알리고자 하는 의도이다. 문제행동의 어디에도 획일적인 답은 없는 것이다.

더구나 아직 이야기를 어렵게 하는 측면이 있다. 프로메테우스의 이야기는 유럽 문화권 사람들의 마음을 끄는 매력이 있다고 말하였다. 동양인이라도 유럽문화에 친근감을 느끼는 사람은 같이 느낄 것이다. 그러나 프로메테우스가 누구에게나 영웅이라는 것은 아니다. 문화가 다르면 영웅의 모습도 변화하여 다가온다. 동양은 본래 유럽과는 문화가 다르다. 이 점이 어려운 것이다.

'불'은 의식을 상징하는 일이 많다고 하였다. 그래서 인간이 어떻게 불을 획득하였는가 하는 것은 많은 신화 속에서 중요한 위치를 차지한다. 그러면 일본신화 속에서, 불은 어떻게 하여 인간에게 주어졌는가?

『고사기(古事記)』에 의하면, 최초의 부부신(夫婦神)인 이자나기, 이자나미의 결혼식이 올려진 뒤에, 이자나미는 일본의 국토를 비롯하여 산이나 강 등 세상의 모든 것을 낳는다. 그리고 최후에 '불'을 낳지만 그 때문에 불타 죽는다. 이것은 프로메테우스의 이야기와 비교하면 너무나도 다른 이야기이다. 인류에게는 불을 주지 않는다고 정한 신에게 처벌을 각오하고 영웅이 불을 훔쳐온다라는 것에 대하여, 일본에서는 신 스스로가 자기의 목숨과 바꾸어 불을 인간에게 준다. '신'에 대한 이미지의 차이는 확실하다.

어째서 이러한 신화나 이야기하고 있는 것인가?라고 할 수 있다. 프로메테우스의 이야기가 유일한 이야기가 아니라 문화가 다르면 이렇게 생각이 다르다는 것을 강조하고 싶기 때문이다. 그리고 이것은 현실에서 아이의 성장과정이나 아이 키우는 일에 직결된다. 우리는 자기가 성장하는 과정에서 프로메테우스형이었는가, 이자나미형이었는가, 그리고 아이 키울 때에 어떤 유형에 가까웠는지 돌아봐주었으면 좋겠다. 아마 완전한 프로메테우스형은 적을 것이다. 프로메테우스와 이자나미가 섞인 상태가 많을 것이다.

　'무엇이든지 원하는 것은 어머니가 줄테니까, 좋은 아이가 되거라'라고 하는 이자나미형과 '조금이라도 나쁜 짓을 해봐라, 가만두지 않겠다,' 혹은 '어차피 너희에게는 '불' 같은 것은 주지 않을 거니까'에서 '불'의 자리에 아이가 원하는 자유, 돈 등 여러 가지를 넣어보면 생활과 밀접하게 이해가 된다. 이러한 엄격함 속에서 감히 원하는 것을 '훔치는' 프로메테우스형도 일장일단이 있어 어느 쪽이 옳은지 말하기 어렵다. 현대는 선악의 판단이 지극히 곤란한 시대이다. 자신은 왜 이러한 삶의 태도를 선택했는지를 잘 자각하여 그 때마다 숙고하고 그 선택이 자신에게 유익한 선택인지, 다른 선택의 방법이 없는지 생각해본다. 단지, 하나의 생각에 속박되어 있는 것은 지나치게 단순한 것이다.

## 3. 원하는 것은 무엇인가

지금까지 훔치기와 자립의 관련성을 서술했지만 모든 훔치기가 자립에 관련되어 있다고는 생각하지 않는다. 매우 단순한 경우를 들자면 인간이 굶주리고 있을 때, 눈앞에 먹을 것이 있으면 나쁘다는 것을 알면서도 훔칠 것이다. 생존을 위해서 한 일이다. 살아가기 위해서는 음식물을 섭취해야 하고 섭취한다는 의미는 훔친다는 의미로도 쓰일 수 있다. 생존한다, 혹은 아이가 성장하기 위해서는 무엇인가를 '먹을' 필요가 있다고 생각해보자. 그러면 아이가 훔치는 것은 그 아이의 성장에서 무엇인가 '필요 불가결' 한 것을 얻으려 하고 있다고 생각할 수 있다.

물론, 인간은 자신에게 필요한 것을 '훔치는' 것이 아니라 사회적으로 용인된 방법으로 얻으려고 한다. 얻기가 대단히 어려울 때는 참고 다른 가능성을 찾거나 단념하지 않으면 안 된다. 어른은 이러한 일이 가능할 수 있다. 그러나 아이에게는 훔치기는 절대로 안 된다고 가르치는 것도 중요하지만, 그것과 동시에 지금 아이의 성장에서 필요한 것이 무엇인지 어른이 알고 있어야 한다.

## 훔치기의 상담

여러 가지 문제에 대해 상담을 해왔지만, 그중에서 아이들의 훔치기에 관련된 상담이 상당히 많았다. 아이에게 예의범절은 필요하다. 아이의 마음을 '이해한다'면서 다른 사람의 것을 훔쳐서는 안 된다라는 예절을 가르치지 않는 가정은 반성이 필요하다. 이러한 가정의 아이가 빤히 보이는 곧 발각되는 훔치기를 하는 일이 많다. 이것은 부모의 '가르침'을 끌어내려는 것은 아닌가라고 느껴진다. 이 아이는 무의식적으로 '가르침'의 필요를 느껴 그것을 탐내는 것이다. 그런데 엄격한 예의범절을 가르쳤는데도 불구하고 훔치기를 한 경우는 어떠할까? 그 아이는 무엇을 원하는 것일까? 그 답의 하나는 먼저 『데미안』을 인용하면서 서술한 바와 같다. 다만 이러한 경우는 부모가 모르는 경우가 더 많은 것 같지만 자신의 집은 아이에게 '나쁜 짓을 하면 안 된다. 다른 사람의 물건을 훔쳐서는 안 된다'고 엄격하게 예의를 가르쳐왔는데 어떻게 절도를 했는지 이해할 수 없다고 많은 부모들이 이야기한다.

엄하게 예의범절을 교육하였는데도 불구하고 초등학교 2학년의 여자아이가 훔치기를 하였다. 사준 일이 없는 문구를 가지고 있었기 때문에 아이가 문방구에서 조금씩 물건을 훔치는 것을 알게 되었고 어머니는 너무 화가 났다. 그처럼 다른 사람의 물건을 훔치면 안된다라고 가르쳐왔기 때문에 "자신의 일은 자신이 해결해라" 하며 훔친 물건을 가지고 문방구에 가서 사죄하라고 하였다. 이때 망연히 서 있는 아이를 보며 어머니는 갑자기 기분이 변하였다. 아이의 모습이 너무나도 불쌍하게 보이며 그와 동시에, 자신의 아이 시절이 문득 생각났다. '언니이니까, 잘해야지' 했을 때의 막막함, 무심코 어머니에게 의지하고 싶을 때에 거절당하여 매우 슬펐던 일이 생각났다. '어머니는 너무 냉정하다'라는 일을 자신이 그와 똑같이 하고 있는 것은 아닐까? 라고 생각이 들어 엉겁결에 아이의 손을 잡고 둘이서 울어버렸다.

　그런데 어머니로서는 그 다음에 어떻게 하면 좋을지 몰랐다. 여기서 어느 정도 부드럽게 한 행동은 좋다고 하더라도, 어머니가 아이 대신에 문방구에 사과한다면 아이의 교육상 지나치게 쉽게 처리하는 것은 아닐까? 그러나 초등학교 2학년짜리 아이 혼자 잘못을 비는 것도 지나치게 심하다고 느꼈다. 그러면 어머니가 이제까지 엄격하게 지도해온 예의범절은 무엇이란 말인가? 이럴 때에 도대체 부모가 어떻게 하면 좋은지 상담하러 왔다.

상담자는 어머니의 이야기를 듣고 바로 결론을 내리려고 하지 않는다. 이것을 어떻게 해결하는가 보다 이번 일을 통해 어머니는 무엇을 발견하였고, 무엇을 자신의 것으로 만들어가는가라는 과정이 중요하다고 생각하기 때문이다. 차분히 문제의 경과를 들어주면, 어머니는 이야기를 하면서 자신을 어느 정도 객관화하거나, 그 때의 감정을 다시 체험하기도 하여, 자기 나름대로의 답을 스스로 찾아내어 가는 일이 많다. 그 사이에, '아이는 훔치기까지 하며 정말은 무엇을 원했을까요?' 라고 물어본다.

아이가 원하였던 것은 어머니의 부드러움이다. 그러면 예절교육은 어떻게 되는가라고 묻는 사람에 대하여 '부드러움과 엄격함은 양립하지 않는 것일까요?' 라고 반문하기도 한다. 아이에 대한 예의범절이 중요한 것은 틀림없다. 그러나 아무리 옳은 것이라도 슬로건이 되면 경직된다. 경직된 사고는 단순한 양자택일의 사고를 하게 된다. 엄격하게 할까, 부드럽게 할까? 전자를 취하는 것은 후자를 부정하는 것이라고 생각한다. 그러나 이런 일은 기계나 하는 것으로 인간이 할 짓이 아니다.

인간은 기계가 아니며, 살아있다는 것은 대립하는 것처

럼 보이는 엄격함과 부드러움을 자기라는 존재 속에서 양
립시켜 가는 노력을 계속하는 과정인 것이다. 그리고 그
양립의 방법 속에 그 사람의 개성이 나타나는 것이다. 아
이는 고마운 존재이다. 자기에게 있어서 필요한 것을 훔
쳐서라도 얻고자 한다. 그것을 알게 된 어머니가 자기의
삶의 태도를 반성하여 바꾸어가야 한다. 덧붙여서 말하면
이 때 어머니는 아이와 함께 문방구에 사과하러 가기로
한다. 그러나 어떻게 하는가보다는 거기에 이를 때까지
어머니의 마음속에 생긴 과정이 중요하고, 그것을 함께
하는 것에서 우리들 상담자가 하는 일의 의의가 있다고
생각한다. 즉 어떤 행동을 경험했느냐가 아니고 그 경험
을 자신에게 파괴적이 아닌 생산적으로 활용하도록 돕는
다는 의미이다.

## 고귀한 훔치기

아이는 자기에게 결여되어 있는 것, 필요한 것을 훔쳐서
라도 얻으려고 한다. 이것은 때로 어른들의 생각이 여기
에 미치지 못하는 경우도 있다. 아이의 정신이 탐내는 것
이 어른의 상식을 훨씬 넘고 있다.

이러한 것을 분명히 알게 해준 영화로 '금지된 장난'이

라는 작품이 있었다. 고아인 마르셀리노는 수도원에 인계되어 키워진다. 수도사들에게 귀여움을 받지만 마르셀리노는 아이다운 장난을 자주 저질러 소동을 일으킨다. 수도사들은 마르셀리노를 잘 돌보아주지만 마르셀리노는 어머니가 그리워 참을 수 없다.

그 아이는 헛간의 예수님상이 너무나 여위어 있기 때문에 동정하는 마음으로 자기의 음식물을 가지고 간다. 기적이 생겨 예수님상이 움직이고 마르셀리노의 음식물을 먹는다. 그때부터 마르셀리노는 굶주린 예수님을 먹이기 위하여 음식물을 훔치지 않을 수가 없게 된다. 취사담당 수도사는 특히 마르셀리노를 귀여워하였지만 음식물이 없어지는 것을 이상하게 여겨 눈여겨보던 중 범인이 마르셀리노인 것을 발견한다. 그리고 훔친 음식물을 먹지 않고 헛간에 가지고 들어가는 것을 수도사가 엿보게 된다. 예수님은 마르셀리노가 가져온 음식물을 먹고 고맙다며 소원을 들어주겠다고 한다. 마르셀리노는 '어머니가 있는 곳에 가고 싶다'고 말하고, 예수님은 소원을 들어주겠다며 그를 껴안는다. 마르셀리노는 소원대로 어머니가 있는 천국으로 초대되어 간다.

이 영화를 보고 생각한 것은 이 수도원에서 '예수님이

굶주리고 있다'라는 것이었다. 물론 수도사들은 성실하고 열심히 수행하였음에 틀림없다. 그러나 그와 같은 '인간의 노력'과 '신의 의지' 사이에는 때때로 간격이 생긴다. 예수님은 수도사들의 노력에 관계없이 부족을 느끼는 것은 아닐 것일까? 신이 굶주리는 것을 알아차린 것은 어른이 아니라 소년 마르셀리노뿐이었다. 그는 신의 굶주림을 해결하기 위해서는 훔칠 수밖에 없었다. 어른들은 그것에 대해서 너무나도 무지하였기 때문이다. 예수님은 그래서 이 소년을 누구보다도 일찍 천국에 초대하셨다.

그런데 여기에서 말하는 이야기를 상식의 세계에서 보면 어떠할까? 어떤 수도원에 한 고아가 인계되었다. 그 아이는 심한 개구쟁이이며 게다가 음식물을 훔치기까지 하였다. 저렇게 어린 소년이 정말 혼자서 먹을 수 있을까 할 정도로 그 아이는 음식물을 훔치는 것이었다. 참을 수 없게 된 수도사들은 드디어 그 아이를 헛간에 가두고 음식물을 주지 않았다. 하룻밤이 지나 열어보자 아이는 굶주림과 추위로 동사하였다. 수도사들도 불쌍히 생각하고 매장해주었다.

일거에 신문의 삼면기사를 장식하는 '사건'이 되어버리지는 않을까? 나는 때때로 신문에 보도되는 사건을 보고 그 배후에는 어떤 이야기가 숨겨져 있을 것이라고 생각한다. 상식이라는 것은 이 세상을 살아가는 데에 필요하지만 때로 무서운 것이다.

영화가 아닌 현실에서는 좀처럼 예수님상이 움직이거나, 식사를 하는 일은 없다고 생각하는 사람도 있을 것이다. 그러나 현대에서도 부모에게 숨기고 주워온 강아지를 키우기 위해서 자기의 식사를 몰래 가져다주거나 훔치기에 가까운 짓을 하는 아이도 있다. 그 때, 그 강아지를 신의 출현으로 인식하는 것도 가능하지 않을까? 이 점에 대해서 즉각적으로 반론을 펴서 강아지는 강아지이고 그 이외의 아무 것도 아니라든지, 광견병의 무서움 등을 설명해주는 사람도 있을 것이다. 확실히 그 같은 설명은 맞는 것이며, 신의 출현을 강아지에 비유하는 것은 이상하게 여길 수 있다. 그러나 때로는 아이들이 강아지에게 느끼는 심성을 생명의 돌봄이라고 생각하는 쪽이 인생을 풍요롭게 한다고 생각한다.

좀 더 정색하고 말하면, 어른이 생각하는 악이라는 것을 아이가 행동하였을 때, 그 악에는 어른의 상식을 넘는 고귀함이 잠재되어 있다는 것을 잊어서는 안 된다.

## 아이로부터의 통신

너무나도 많은 가르침을 준 상담사례를 예로 들어본다.

초등학교 5학년생인 사내아이로 성적도 우수하고 '좋은 아이'로 자랐다. 그 아이의 어머니는 외출했다가 집에 돌아왔을 때 언제나처럼 우편함을 열었는데 거기에 권총이 들어 있어 몹시 놀랐다. 다행히도 그것은 장난감 총이어서 가슴을 쓸어내렸지만 도대체 누가 권총을 우편함에 넣었을까 하고 이상하게 생각하여, 혹시나 하고 아이에게 확인하여 보았다. 이 어머니는 '평화'를 대단히 중요한 가치로 생각하였기 때문에, 아이에게는 칼이나 총 등의 완구는 일체 사주지 않았고 전쟁놀이나 칼싸움도 금지하고 있었다. 따라서, 아이가 총과 같은 완구를 가지고 있을 리가 없다고 생각하는데 "이것은 내 총이다"라고 말했다. 그리고 중요한 것이기 때문에 저기에 숨겨놓았다고 말했기 때문에 어머니는 점점 더 이유를 모르게 되었다.

총을 사준 일이 없기 때문에 따져 물어보자, 친구 것이지만 잠깐 빌리려고 가져왔다라고 이야기하였다. "그러면 훔친 것이 아니냐"라고 묻자, "응"이라고 대답한다. 그래서 어머니는 기절 상태가 되어 어떻게 하면 좋을지 상담하러 왔다.

이 이야기는 심리를 공부한 사람이라면 너무나 잘 아는 이야기이다. 그래서 상담자는 "우편함이라는 것은 편지를 넣는 곳이지만, 아이는 그 총이라는 편지로 어머니에게 무엇인가를 전하고 싶었겠지요"라고 말씀드렸다. 어머니는 잠시 생각하고 "자기도 장난감 총을 갖고 싶다는 것입니까"라고 말하였다. 여기에서부터 이야기는 점점 발전하여 "총이라기보다 그러한 공격적인 것, 난폭한 것이 모자라 우리 집은 지나치게 고상하다는 것입니까?"라고도 말하였다. 이것은 최근 자녀의 수가 줄면서 남자 형제가 없이 자라난 어머니는 사내아이들이 어느 정도 '난폭한' 짓을 하며 자라는지 전혀 모르고 있다는 것과도 관련되어 있다. 이러한 어머니는 아이를 지나치게 '좋은 아이'로 기르려고 너무나도 야성미가 없는 아이로 길러버리는 경향이 강하다.

평화를 사랑하는 사람이 되기 위해서는 아이였을 때 죽이거나 죽는 놀이를 하고 벌레를 죽여보는 일도 필요하다. 이러한 공격적인 놀이를 통하여 평화란 어떤 것인가, 죽인다는 것은 어떤 것인가, 등을 실감할 수 있다. 놀이 경험으로 배우는 것이 필요하다. 그런데 이 어머니와 같이 공격적인 것을 모두 오려내어 버리면 오히려 역효과를 낳는 일이 일어난다.

아이로부터 어머니에게 보내진 '편지'는 '어머니 우리 집에는 공격성이라는 것이 부족하지 않습니까? 그것을 조금 받아들이면 어떻습니까?' 라고 호소하고 있었다. 어머니가 그것에 응하는 노력을 함으로써, 이 가정의 본연의 모습이 변해가는 것이다. 그렇다고 해도, 중요한 것을 숨기는 장소로서 아이가 우편함을 골랐다는 것은 그 무의식의 지혜에 감탄할 수밖에 없다.

바로 들키도록 훔치기를 하였을 때에는, 그것은 아이가 부모나 선생님에게 보내는 어떠한 메시지라고 생각해보면 맞는 일이 있다. 그 훔친 물건, 누구로부터 훔쳤는가라는 상대 등 여러 가지의 상황에 따라 판단해보면, 아이가 호소하고 싶은 것을 알 수도 있다. 아이에 대하여 주의와 관심을 가지고 훔치는 것은 나쁘다는 것과 동시에, 아이로부터의 메시지를 어떻게든 파악하려는 마음을 갖는 것이 중요하다. 아이가 무엇인가를 전하고자 할 때 마음을 열고 있는 자세가 중요하다.

# 넷　억압된 평화는 공격성을 숨기고 있을 뿐이다

현재 우리나라 사람이 가장 좋아하는 말은, '평화'가 아닐까? 기독교 문화권에서는 선악의 판단이 명확해서 무엇이 선하다고 말하기 쉽다. 2차대전 이후, 어떤 것의 선악을 간단하게 판단할 수 없는 경우가 많아졌고, 교육의 목표를 설정하는 데에도 고민할 정도이었지만, '평화'라는 것에 관해서는 상당한 합의를 얻지 않았을까? 따라서 평화를 어지럽히는 사람은 '악'의 축이 된다.

이 생각으로부터 파생되어, '폭력'은 절대 악이라는 것도 상당히 널리 만연된 사고가 되었다. 2차대전 이전까지, 사회는 상당히 폭력에 대한 관용도가 높았다. '위'의 사람은 무엇인가의 이유를 만들어 '아래'의 사람에게 완력을 행사했다. 그것은 '지도'라든가 '교육'이라는 명목으로 행하여지는 일도 많았다. 군대에서는 무언가 이유를 만들어 윗사람은 아랫사람을 때렸다. 이러한 일은 반동적으로 완력을 사용하는 것에 대한 거부감으로 발전하였다. 그러면서도 전통적인 경향은 간단히 사라져버리는 것이 아니다.

  폭력이나 완력을 부정하고 '평화'를 애호한다라는 것을 조금 철저히 하면 모든 공격적인 것은 나쁘다는 것이 된다. 그래서 아이에게 일체의 공격적인 놀이를 금지한다는 것 같은 극단적인 경우가 생긴다. 이 점에 관해서, 조금 집중적으로 생각하고자 한다.

## 1. 공격적인 아이가 건강하다

  영어에 어그레션(aggression)이라는 말은 공격성이라고 번역된다. 거기에서 파생한 어그레시브, 공격적이라는 말이 있다. 미국인과 인물평에 대해 이야기할 때에, 어그레시브한 사람이라는 것이 긍정적인 의미로 쓰이는 것을 알고 놀란 적이 있다. 본래 '어그레시브'를 공격적이라고 번역하는 것에 문제가 있는 것인지도 모르지만, 그것은 역시 우리나라에서 말하는 '건강하다'라고 하는 것과는 다르다. 우리는 '건강하고 사이좋게'라는 것이 '좋은 아이'의 이미지로서 정착되어 있다. 그러나 공격적인(aggressive) 아이는, 자신을 전면에 내세워 방해하는 것에 대항해가는 자세를 갖고 있다. 이것은 미국에서는 긍정적 의미로 평가받지만, 여기에서는 '공격적이다'이며, 그리고 적어도 '좋은 아이'라고는 하지 않을 것이다.

## 공격적인 아이

이 부분은, '악'에 대한 문화의 차이를 말할 수 있을 것 같다. 요컨대 '나쁜 아이'의 이미지가 미국과 우리는 다르다. 우리는 '공격적'이라는 것에 대한 허용도가 극단적으로 낮은 것을 자각하여야 한다. 우리나라에서 '순진하다' '얌전하다'는 영어로는 번역할 수 없는 '좋은 아이'를 나타내는 말이지만, 이러한 아이를 미국에서는 잘못하면 '공격성'이 지나치게 없는 나쁜 아이 쪽으로 분류된다.

우리나라에서 공격성에 대한 낮은 평가는, '평화'를 강조하며 점점 더 강하게 되었다. 요컨대 다른 것과 무관하게 '순진하고 온순한' 아이가 좋다고 생각한다. 그리고 경쟁심, 투쟁심이라는 것은 낮게 평가된다. 교육자로서

'경쟁'이라는 것을 원수 같이 말하는 사람이 있지만, 구미에서는 경쟁의 존재는 당연하고, 그것을 선의적으로 (fair) 하도록 가르치지만 경쟁을 없애려고 하지 않는다. 어떠한 규칙 아래서 경쟁하는 것이 좋은지 고려해볼 일이다.

우리나라에서는 아이에게 마치 경쟁은 악이라는 듯이 가르치면서, 수험경쟁에서만은 이겨주었으면 좋겠다고 하니까, 아이들이 비뚤어져 가는 것도 무리가 아니다. 단지 이 '경쟁'이 지극히 우리다운 것은, 개개의 아이들이 자기의 개성에 따라서 '공격적'이 되지 못하고, 모든 아이들을 한결같이 서열을 매기는 제도 속에서 가능한 위에 가도록 경쟁을 시킨다는 것이다. 요컨대, 경쟁이라고는 해도 아이들의 개성의 경쟁이 아니라, 주어진 똑같은 세계 속의 일이기 때문에, 이것은 원래 인간의 공격성과는 다르다. 우리나라의 수험 제도에서 '좋은 아이'가 되고자 하는 아이는, 무서운 경쟁 속에 있지만, 오히려 자기 본래의 공격성을 누르지 않으면 안 된다. 그와 같은 태도를 몸에 익힌 아이가, 가령 '좋은 대학'에 입학하더라도, 이후 창의적으로 성장하지 않는 것은 당연하다고 해야 할 것이다.

공격성을 배제하는 우리 사회의 흐름은, 부모와 아이관계에도 영향을 준다. 민주주의에 의해서 부모는 아이를

'이해' 하거나 '존중' 해야 한다고 생각한다. 그러면서도 그것은 대단히 어려운 일이기 때문에, 그와 같은 흉내만을 내는 것이 되어, 오히려 아이를 방임해버리는 결과에 빠져 부모도 아이도 유약해져 버린 것이다.

이제는 우리도 공격성을 악이라고 생각하는 사고방식을 바꿔가지 않으면 국제화사회 속에서 살아갈 수 없다. 이러한 반성이 많이 생겨 나와 이제 아이 키우기에 관해서도 다시 정립하는 분위기가 나타나고 있다. 그러나 그것은 잘못하면 옛날로 되돌아갈지도 모를 위험성을 안고 있다.

## 좋은 아이는 플라스틱 아이

아이의 교육에서, 체벌을 가하는 것은 '악' 이다. 평화를 중요하게 여기고 아이의 폭력을 억제하면서 어른이 완력을 휘두르는 것은 이야기가 안 된다. 교육인적자원부는 교사의 체벌을 금지하고 있다. 그러나 이것 때문에 정말로 아이들을 교육할 수 없게 되었다고 한탄하는 사람도 있다. 아이에게 예의범절을 가르치기 위해서는 체벌도 어쩔 수 없다라고 생각한다. 그렇다고 '평화헌법' 을 가진 우리나라에서 아무래도 공적으로는 주장할 수 없다.

그러한 이유로, 애매하고 혼란을 겪는 사람들이 쾌재를 부를 것 같은 영화가 있었다. 『가족 게임』(集英社文庫, 1984년)이란 소설이 영화화된 것으로, 그 안에서 폭력교사가 대 활약을 한다. 중학교 3학년생인 열등생의 가정교사가 부모 앞에서도 아이를 때린다. 그것을 보고 아들을 매우 귀여워하는 어머니는 어쩔 줄을 모른다. 그런데 그 덕택으로 차차 성적이 올라간다.

일본의 '약한' 부모들을 비웃기나 하는 것처럼, 지금까지 철저히 과보호로 키워온 중학 3학년생의 아들을 기분 좋게 때리는 가정교사의 모습을 잘 그리고 있다. 이 영화를 보거나 소설을 읽고 공감하는 어른들이 많지 않았을까? 여기에 나타난 체벌에 관해서 논하여 보고자 한다. 이 작품을 통해 곧 체벌 긍정으로 달리는 것은 속단에 지나지 않는다. 아이끼리 싸움에서 완력을 쓰는 것과 체벌은 다르다. 어른과 아이, 교사와 학생의 상하관계가 분명하며 완력은 일방적으로 휘둘러지는 것이다. 이것은 부당한 것이다.

이러한 것을 잘 알면서, 폭력가정교사에게 공감을 느끼는 사람이 많은 것은 어째서 일까? 그것은 체벌 그 자체가 좋다는 것이 아니라, 아이에게 향하는 그 자세에서 문자 그대로 '몸을 내던진다'라는 느낌이 있다는 것이다. 아이를 '이해한다'라는 것, 진지하게 아이를 대한다는 것은 그렇게 쉬운 일이 아니다. 많은 부모나 교사는 이해하는 척하는 것이다. 이 가정교사의 지도 방법에서, 진지하게 대응하는 것만으로 이 아이의 성적은 오른다. 이 『가족 게임』에서는 부모와 아이의 관계가 어떻게 표면적으로 흐르고 있는가를 잘 묘사하고 있다. 아이가 가장 알고 싶은 것은 자신의 아버지나 어머니가 진정으로 자신을 사랑하고 있는가 하는 것이다.

　이 작품의 해설을 썼을 때에, '자연스러움이 없다'라는 말을 사용했다. 인간은 날 때부터 가지고 있는 심성이 있다. 이 가족의 부모가 자신의 마음을 자연스럽게 내보였다면, 이렇게 지독한 가정교사는 필요하지 않았을 것이다. 요컨대 '야생'은 반드시 조잡하다든지 거칠다고는 말할 수 없다. 들에 피는 제비꽃도 야생화다. 진짜 제비꽃과 플라스틱 꽃을 비교해보면 바로 알 수 있다. 아이에 대한 분노나, 슬픔 등을 자연스럽게 표출하는 것을 억제하고, 표면적으로는 평화로운 가정을 만들고, 거기서 아이를 '좋은 아이'로 만들려고 하는 것은, 아이를 플라스틱 제품으로 만드는 것과 같은 것이다.

이러한 비극이 생기지 않게 하기 위하여, 우리들은 자연스러움과 크게 관련된 자기의 신체라는 것에 관해서 생각할 필요가 있다.

## 2. 신체와 나쁜 짓

인간에게 있어서 '신체'라는 것은 대단히 오묘한 것이다. 그것은 자신의 것이지만 자기 의지대로 되지 않는 부분이 많이 있다. 그리고 그것은 인간의 희로애락과 밀접하게 관련되어 있다. 무엇보다 중요한 것은 신체에 '죽음'이 찾아오는 것을 인간은 알고 있고, 그것에 대하여 절대로 저항할 수 없다는 점이다.

피할 수 없는 죽음에 대하여 인간은 그 긴 역사 속에서 영혼의 영속성, 미(美)나 진리의 영속성, 혹은 '가문'의 영속성 등을 내걸고 대항해왔지만, 역시 죽음이 무서운 것은 변함이 없고, 그것과 직접적으로 연결되어 있는 '신체'라는 것이 때때로 교활하게 생각되거나 부정되며 '악'과 연결되어 가는 경향이 있다.

여기서 정신과 신체라는 구분을 명확히 하여, 정신을 선이라고 생각하면 신체는 악이 된다. 특히, 신체는 식욕, 성욕, 수면욕 등 정신만으로는 조절하는 것이 어렵기 때문에 더 나쁘게 취급하는 경향이 있다. 또한 아이의 체험으로서는, 대소변, 침, 콧물 등 자기의 몸으로부터 나온 것을 '더럽다'라고 기피하는 것은 인상적이다. 이 점을 조금 더 확대해보면, 오물을 배출하는 몸 그 자체도 '더럽고', '악'에 연결되는 것이다. 그래서 어떻게든 자기의 신체를 지키기 위하여 대소변의 조절이나 신체를 청결히 유지하는 것이 아이에게 중요한 일이 된다. 물론, 아이는 성장함에 따라서 자기가 자란 문화적 생활양식을 익혀가지만, 마음의 밑바닥에서는 자기의 신체에 관한 불가능한 느낌과 양가감정을 계속 갖는다.

## 머리만 큰 아이

선진국에서는, 인간의 자아가 그 주위의 것을 조절하는 것이 대단히 중요한 일이다. 인간은 여러 종류의 기계를 통제하여 자기가 좋은 때에 좋은 곳에 가능한 한 빨리 가거나, 거대한 것을 마음대로 움직여 인류가 자연 속에 살았을 때와 비교하면 상상도 할 수 없는 일을 가능하게 하였다. 즉, 지금까지는 자기의 신체를 써서 여러 가지 일을 했었지만, 신체를 대신하여 기계를 조작함으로써 그 이상의 것을 할 수 있게 되었다. 간단한 예를 들면, 지금부터 백년 이전의 사람들의 보행거리와 현재를 비교해보더라도, 비교가 되지 않을 정도로 우리들은 자기의 발로 걷는 일이 적어지고 있다.

현대인은 자기의 신체로부터 상당히 떨어진 존재가 되어버렸다. 자기가 살고 있는 신체에 대한 감각은 약해지고, 자기가 살고 있다는 것은 자아가 무엇을 인지하고 무엇을 생각하고 있는가라는 것에 집중되어 간다. 요컨대, 머리만 큰 불균형의 인간이 된다. 그리고 어른들은 아이가 그와 같이 빠르게 노력할수록 '좋은 아이'라고 생각한다.

알몸으로 뛰어다니는 아이, 엉켜붙는 아이, 진흙놀이를 하는 아이는 잘못하면 '나쁜 아이'로 분류되어버린다. 그 때문에 우리들은 신체성이라는 것을 잊어버린 아이를 만들고 있는 것은 아닐까? 최근에는 콧물을 흘리는 아이를 거의 볼 수 없게 되었다. 그러나 그 때문에 아이의 알레르기 질환이 늘어나는 것은 아닌가라는 의학적인 학설은, 그대로 마음에도 응용되기도 한다. 뒤에서 다시 언급하겠지만 지금의 집단따돌림이 극단적으로 내면화하는 요인의 하나가 이러한 점에 있다고 생각된다.

신체성과의 관련해 문제가 되는 '성'도, 그것을 통제하

는 쪽에 중심점이 지나치게 실린 성교육이 이루어지는 것
은 아닐까? 과학적 사실을 가르치고, 그 지식을 살려서 에
이즈의 위험을 막는 것이 성교육의 핵심이라고 생각하는
것은 곤란한 일이다. 물론 이것도 중요하지만 이것으로
'성'교육을 하였다고 생각하는 것은 지나치게 안일하다.

### 개구쟁이들이 없어지고 있다

현대인이 소홀하게 여기는 신체성을 어떻게든 교육현
장에 도입해야 한다. 이것은 중요한 일이다. 그러나 그것
을 단순히 생각하여 '폭력교사' 같이 되는 것은 생각해볼
문제다. 아이의 신체를 살리면서 정신적인 면도 같이 발
달시키는 교육으로서 스포츠교육이 있다. 스포츠가 좋은
것은 자기가 가지는 공격성을 규칙 안에서 표출할 수 있
기 때문이다. 더구나, 그것을 나쁜 짓으로 표출하려고 하
면, 상당한 연습이 필요하게 되어 단순한 폭발로서는 효
과가 없다는 것을 알게 된다. 그래서 자기의 공격성을 통
제하는 것도 자연스럽게 배울 수 있다.

『복싱에 걸다』(岩波書店, 1996)는 아이의 신체, 나쁜 짓에
관해서 고찰하는 데 많은 시사점을 주는 책이다. 저자는
고등학교교사로, 정규 고등학교에 입학하는 '문제아'에

게 복싱을 지도하여 건강한 청소년으로 복귀시켜 가는 실천기록으로 청소년의 '신체성'에 관한 견해가 넘쳐 있다.

먼저 '문제아'라는 표현을 하였지만, 이 외에 적절한 단어가 없다는 점에서 '개구쟁이'라는 친밀감의 의미가 포함되어 있다. 이 느낌은 충분히 이해된다. 아이들의 '나쁜 짓'을 불문에 부치는 것이 아니고 문제로 인식하고 있다. 그렇다고 '나쁜 놈'으로 배제하는 것은 아니다. 오히려 '친밀감'조차 느낀다. 몸을 내던져 신체성을 동반하여 이 아이들을 대하는 교사의 태도가 잘 나타나 있다.

그런데 여기에서 교사는 그와 같은 '개구쟁이(문제아)'가 줄어가는 것을 한탄한다. 지금의 정규 고등학생을 보면 '마치 옛날, 우리들이 바보 취급하던 부잣집 아이와 같이 몰인정하고, 철부지이며, 겁쟁이이고, 자기보다 약한 자에 대하여 권위적이어서 화가 난다. 무엇보다도 '송곳니'가 없어진 것에 화가 난다. 교사가 월급쟁이로 변한 것과 같이 학생도 '학생'이라는 '직업'으로 변했다고 지적한다.

이것은 중요한 지적이다. 이 안에서 주목해야 할 것은 보통의 고등학생이 '부잣집 아이같이' 되었다는 점이다. 다른 나라와 비교하면 잘 알 수 있지만 우리 사회 전체가

'부자'가 되어 부자의 결점을 드러내고 있는 것은 아닐까? '부자'는 자기의 신체를 쓰지 않고 편안해지려 한다. 요컨대, 신체성과 단절되어 가는 것이다.

그렇다고 하여, 우리가 다시 가난해져야 할까? 그러한 개구쟁이(문제아)의 부활운동을 시작할 수도 없다. 오히려, 우리들은 경제적인 풍요로움이 가져오는 결점을 잘 인식하는 것에서부터 시작해야 할 것이다. '부자'가 되었기 때문에 우리들은 신체성으로 통하는 '개구쟁이(문제아)'라는 유력한 표출 통로를 막아버린 것이다.

그러나 모든 부자가 신체성으로부터 단절되어 있는 것은 아니다. 상당한 재산을 가졌더라도 신체성을 동반하는 삶의 태도를 유지하는 사람도 있다. 그와 같은 사람은 그에 어울리는 '노력'이나 '연구'를 하였을 것이다. 그와 같은 것을 참고하면서 물자가 풍부한 시대의 아이들에게 교육의 본연의 자세를 찾아내는 것이 필요하다.


## 3. 놀이는 공부나 일을 방해하는 것이다?

놀이와 일과의 대비에서, 후자를 선이라고 엄격하게 결정하는 사람의 입장에서는 놀이를 악이라고 생각하기 쉽다. '놀지 말고 공부해'라고 꾸중 듣는 아이들은 놀이는 공부나 일을 방해하는 것으로 생각한다. 또 아이를 제멋대로 놀게 하면 거기에 공격이나 폭력이 표출되는 일이 많기 때문에 어른의 감독이 필요하다고 생각하는 사람도 있다.

놀이가 인간에게 있어서 얼마나 중요한가는 유명한 호이징가의 '호모 루덴스'의 견해 이래 자주 논의되어 왔다. 실제 아이에게 있어서 자유롭게 노는 것은 대단히 중요하고, 아이에게는 그 놀이 속에서 마음의 상처가 치유되는 일도 많다. 그러한 이유로 우리들 상담자는 문제를 가진 아이가 상담실에 오면 자유롭게 노는 것을 제한된 범위와 한정된 시간 내(40분~50분)에 행한다. 그것을 되풀이하는 과정에서 아이의 문제가 해소되고, 치유의 과정이 진행되어 간다. 그것을 놀이치료라고 부르고 있다.

### 엄마도 똥을 싼다

실제의 놀이치료 사례를 들어보자. '선택적 함묵 증세 아이의 놀이치료' 사례이다. '유치원에서 상급반이 되어도 말을 하지 않고 손짓으로 볼일을 보는' 6세의 여자아이가 어머니와 함께 상담자를 찾아왔다. 이 아이는 가정에서는 이야기를 잘하지만 밖에 나가면 말을 하지 않는다는 것이다. 천식 발작이 있어 의사의 투약을 받고 있었다.

놀이치료를 시작하자, 1회부터 이 아이는 총을 찾아내어 쏘거나 공격적인 놀이를 좋아했다. 그리고 2회째에는 상담자에게도 총을 건네주고 서로 쏘며 '엄마를 쏘았다, 죽어버렸다'라고 말했다. 그 후, 모래상자 놀이에서 완구인 작은 서양식 변기를 찾아내어 '변소구나, 이것은 엄마 똥이구나'라고 좋아하며 말한다. '유치원에서 돌아와서 엄마가 똥을 싼다'라고도 하였다. 3회째는, 대변에 대한 관심이 강해져 물감을 꺼내서 뒤섞고는 '똥'을 만들다 말고, 도중에 이것이 '우유구나, 똥이구나'라며 뒤섞는다. 그것이 4회째가 되자 '피를 만든다'라고 말하고 빨간 물감에 침을 뱉어 상담자의 침도 섞도록 요구하여 '피'를 만든다. 그 때부터는 오로지 똥, 우유, 피를 만드는 일에 열중한다.

이런 행동을 보면서 '이런 더러운 짓을' 하며 화내거나 한탄하는 사람이 있을지도 모른다. 그러나 놀이 속에서 자유롭게 총을 쏘거나, 똥을 누기도 하는 인간관계를 이 아이는 제1회의 상담장면부터 표현했던 것이다. 남 앞에서 '말을 한다'는 것은, 총을 쏠 정도의 공격적인 적극성을 필요로 하였고, 말을 한다는 것이 똥처럼 싫은 것이지만 똥은 우유, 피처럼 필요한 것이듯 말도 꼭 필요한 것이라는 표현일 수 있다.

또한 흥미 깊은 것은 똥, 우유, 피 등이 섞여 있는 것이다. 이 아이의 신체 속에 있는 것은 무엇이 좋은 것이고, 무엇이 나쁜 것인지 모른다. 똥이 황금으로 변하는 옛이야기가 있듯이, 싫어하는 것이라고 생각하는 똥의 가치가 우유나 피의 가치로 변화하는 것을 예상하고 있다. 요컨대, 이미 언급하였듯이 공격적인 것은 기피해야 한다고 억압되었지만, 그 공격적인 에너지는 남 앞에서 발언하기 위한 원동력이다라는 마음의 변화가 이 여자 아이 속에 생기는 것을 표출하였다.

이러한 자유로운 놀이를 통하여, 이 여자아이는 건강하게 되었고 사람들 앞에서 발표를 할 수 있게 되었다. 어머니를 죽이는 것 같은 부분에서 놀라는 사람도 있겠지만, 이것은 이 아이와 어머니와의 지금 같은 관계를 끝내고 급속히 변화하는 것을 나타낸다고 상담자들은 인식한다. 죽인다든지, 똥을 싼다, 매장(묻는 놀이) 등 '그런 놀이는 하지마' 라고 제지되는 놀이를 통하여 아이가 좋아져 가는 점에 주목하여 주었으면 좋겠다.

## 단지 규칙을 지키게 하는 데만 열중한다

놀이치료 기법으로 아이와 상담을 하면, 아이가 게임을 하고 싶다고 말할 때가 있다. 그러면 반드시 거기에는 승부가 있다. 그 때, 승부에 구애되지 않거나, 지더라도 그다지 신경 쓰지 않는 아이가 있다. 아이들은 원래 승부에 구애되지 않는 경우는 매우 드물기 때문에 대부분의 경우, 그 아이가 가지고 있는 강함을 충분히 발휘하지 않고 있다는 것을 알 수 있다.

상담자는 그러한 점을 염두에 두고 자유롭게 놀도록 하고 지켜보면, 점점 아이가 '이기고 싶다'는 의욕을 내보인다. 그리고 자신의 능력으로는 이길 수 없다고 생각하면 규칙을 파괴하기 시작한다.

'규칙을 지키지 않으면 안 된다'라고 상담자가 곧바로 말하기보다는 우선, 그 아이가 규칙을 지키지 않는다고 해도 이기고자 하는 의욕이 나타났나는 것을 중요하게 받아들여야 한다. 그러면서도, 규칙을 어기는 것을 그대로 긍정하는 것은 아니다. 우선 중요한 것은, 그 규칙을 어기는 방법이 어떤 것인가를 파악하고, 그에 관한 의미를 탐색하는 것이 필요하다. 상담자에게 발견되지 않게 몰래하는 것인가, 혹은 '나는 특별해, 나는 내 마음대로 해' 라는 자세로 제멋대로 규칙을 변경하는 것인가, 상담자에게 도전하듯이 일부러 잘 알면서 규칙을 지키지 않는가, 그 때 그 아이가 놓인 상황·규칙을 지키지 않는 방법 등을 종합하여, 상담자의 대응방법을 찾아가야 한다. 더구나, 상담자는 이러한 점을 순간적으로 판단해야 하는 전문성을 필요로 한다.

가장 알기 쉬운 것은, 가끔 규칙을 지키지 않지만, 주의를 주기에는 조금 지나치다고 생각하여 기다리면, 점점 아이가 건강하게 되고 승부욕도 강하게 되어, 규칙을 지킬 수 있게 되는 경우가 있다. 이런 경우는 바로 '규칙을 지키지 않는 것은 나쁘다' 라고 말하지 않고 기다려주어서 좋았던 사례이다. 그러나 언제나 이렇게 생각하면 실패한다. 상담자가 안일하게 있으면, 아이가 규칙을 지키지 않는 것을 허용하고 있다고 생각하기 시작하거나, 무엇을 해도 좋기 때문에 한계를 모르게 되어, 제멋대로 행동을 취하기 시작할 때가 있다. 자유라고 해도 '더 이상은 안 된다' 라는 확실한 선이 있어야 한다. 그러나 그 선은 이론이나 규칙에 의해 일방적으로 정하는 것이 아니라, 상담자 자신이 가지는 인간으로서의 본연의 자세와 상담자와 아이와의 관계 등을 고려하여 정해야 하는 것이다. 즉, 상담자는 그 놀이 속에서 자기의 존재를 걸지 않으면 안 된다. 그렇게 할 때, 규칙을 지키지 않는 것에 대하여 어떻게 할 것인가라는 판단을 정확하게 내릴 수 있다. 단지 노는 것만으로는 '상담'이 되지 않는다.

이러한 체험을 하면 규칙이 있다는 것은 좋은 것이라고 생각한다. 규칙이 있기 때문에 인간과 인간이 부딪치는 계기가 생겨나게 된다. 자유 놀이라고 해도 완전한 '자유'는 잘못하면 안이한 상태가 되어, 아무 일도 일어나지 않을지도 모른다. 단지 여기서 주의해야 할 것은 규칙이 있고, 그것을 지키면 좋은 것이다. 그것에 의하여 선악을 분명히 판단할 수 있다는 것을 간단한 것이 아니라, 규칙에 관련하여 인간과 인간이 서로 부딪치는 기회가 온다는 것이다. 규칙을 방패로 인간이 숨는 것이 아니라, 규칙을 계기로 인간이 거기에 노출되는 것에 갖가지 이미가 깔려 있다.

이러한 자세는 학교의 교칙을 적용할 때에도 어느 정도 통용된다. 교칙을 만들고 단지 지키게 하는 것만에 열중하는 것은 의미 없는 일이다.

## 4. 화를 잘 내는 아이가 감정도 풍부하다

인간에게는 감정이라는 것이 있다. 이것도 신체와 같이 자기의 것이면서 어떻게 할 수 없을 때가 있다. 아무리 웃지 않으려고 해도 웃음이 나와 견딜 수 없을 때가 있다. 또, 그만 울어버리는 일도 있다. 분노는 특히 폭발하는 것이다. 난폭하게 날뛰는 감정을 무리하게 누르고자 하면 몸에 경련이 일어난다. 감정은 신체성과 밀접하게 연결되어 있는 것을 알 수 있다.

이미 현대인은 머리만 큰 불균형 상태가 되었다는 점을 지적하였지만, 지성을 중시하는 생각이 '선'이면 감정의 강한 표현은 '악'이 된다. 항상 자기를 억제하고 있는 것이 선이다. 그래서 감정을 표현해버리는 것은 보기 흉하다는 견해도 있다.

또한, '건강하고 밝고 좋은 아이'를 좋아하는 어른은 아이가 화내거나 슬퍼하는 것을 기피하는 경향이 강하다. '울어서는 안 된다' '그렇게 화낼 일은 아니다'라고 주의를 주면 아이는 언제나 밝지 않으면 안 된다. 이런 사람은 1년 중 '좋은 날씨'가 계속되어서 한 번도 비가 내리지 않으면 어떤 일이 일어날지 생각하여 본 적이 있을까? 아이의 성장을 위해서는 우는 것도 화내는 것도 중요하다. 인간으로서 가질 수 있는 여러 가지의 감정을 체험하는 것이야말로 풍요로운 인간으로 되어가는 길이다.

### 웃는 아이가 나쁜 아이다?

아이가 생글생글 웃는 것은 환영받는다. 그러나 아이도 초등학교 이상이 되면 웃음이 언제나 환영받는다고는 할 수 없다. 웃어서 꾸중 듣는 일도 자주 있다.

어른들의 어린 시절을 상기하면, 선생님에게 가장 많이 꾸중 들었던 일은 웃었던가, 주위의 사람을 웃겼을 때이다. 초등학교 시절 애국조회 · 묵념 · 훈화 · 국경일의 엄숙한 예식이 매우 많았다. 그리고 그럴 때에 웃는 것은 최고의 '악'이었다. 그러나 난처한 것은 꼭 무엇인가 웃기는 일이 일어난다. 또는, 그만 장난기가 발동하여 주위의 사람들의 웃음을 폭발시킬 우스갯소리를 속삭이고 싶어진다. 그래서 아이들은 자주 꾸중을 들었다. 중학생 시절은 '웃으면, 복이 온다'라고 말하지만 웃으면 반드시 어른의 찡그린 얼굴을 보게 된다.

교사로서 교단에 서 있을 때 불쾌하게 느끼는 것은, 학생들이 무엇인가 교사가 모르는 일로 실실 웃을 때가 아닐까? 대개의 교사가 '웃지 말라'라든가 '왜 웃느냐'라고 주의를 준다. 그것은, 혹시나 자기의 일로 웃는 것은 아닌가라는 불안과도 통하기 때문이지만, 어쨌든, '웃는다'는 것은 교사의 권위를 업신여긴다고 느끼기 때문일 수 있다.

'웃음'이라는 것은, 사람을 '웃음거리로 만든다'라는 경우에는 일종의 공격성을 품고 있다. 직접적으로 공격하는 것이 어려울 때라도 웃음에 의해서는 공격하는 일이 가능하다. 그래서 학생들은 어떻게든 교사를 '웃음거리'로 만들고자 한다. 그리고 교사가 화내면 화낼수록 재미있는 것이다. 중학생이 되면 교실 안에 이러한 역할을 하는 재치있는 문제아(trick star)가 반드시 있다.

재치있는 스타는 교사입장에서 보면 '나쁜 놈'이고, 학생들에게는 '영웅'으로 보이기도 한다. 이러한 양면성을 가지면서, 어떻게든 '웃음' 속으로 도망쳐 숨는 것으로 자신을 지키고자 하는 것이 재치있는 문제아의 특징이다. 그런데 학생의 재치에 의해서 교사가 웃음거리가 되었을 때 매우 화를 내버리면 오히려 교사의 권위는 떨어지지만, 교사가 학생의 재치를 즐겨 함께 웃어넘기면, 거기에서 학생과 교사 사이에 일체감이 생겨나 오히려 교사에 대한 친밀감이 느껴지기도 한다. 웃음이라는 것이 새로운 지평을 개척하는 효과를 갖고 있어서, 거기에 차원이 다른 교사와 학생과의 관계를 연결하는 다리가 놓여지게 된다.

## 참고 견디는 것이 분노를 키운다

아이가 울거나 화내는 것은 어른들이 싫어하는 일이다. 이미 언급하였듯이 아이에게 언제나 '좋은 날씨'를 기대하고 있다. 그러나 분노에는 앞에서 언급한 웃음과 같이 뜻밖의 새로운 지평을 개척하는 힘을 갖고 있다. 또는, 아이가 자기의 세계를 급격히 확대하고자 할 때 분노의 감정이 생겨난다고 말해도 좋을 것이다.

중학생이나 고등학생을 상담해보면, 부모 모두 '보통'이라는 아이가, 부모의 결점을 맹렬하게 공격하며 분노를 표출하는 일이 있다. 그것은 때때로 예상과 다르거나, 그 정도로 회낼 일이 아니라고 생각되는 일일지라도 우리 상담자는 그것을 대단히 중요하게 인식한다. 그렇다고 곧 부모를 나쁘다고 결론짓지는 않는다. 분노에 의해서 그 아이의 마음속에 새로운 것이 생겨나게 되는 것을 느끼기 때문이다.

아이의 분노가 어느 정도의 깊은 의미를 갖는 것일까를

느끼게 하는 것으로, 아동문학의 명작, 로빈슨의『추억의 마니』에서 하나의 에피소드를 들고 싶다. 이 작품의 주인공인 소녀 안나는 언제나 '보통의 얼굴'을 하려고 노력하고 있다. 그녀는 부모님의 이혼과 교통사고로 고아가 되고 그 후, 보호시설과 양부모를 전전하며 언제나 '보통의 얼굴'을 하는 삶의 태도를 익혀버렸다. 자기의 감정을 억제하고 살게 된 것이다. 소녀의 슬픔이나 괴로움을 같이 알아주는 사람이 없고, 혹여 그것을 표현하였다고 해도 오히려 이상한 눈으로 보여질 뿐이라는 것을 소녀는 지혜로써 알게 되며 그녀가 천식이라는 병을 갖게 된 것은 당연하다고 생각된다.

　소녀의 마음이 치유되는 과정에서 분노를 폭발시키는 점이 주목할 만하다. 소녀의 천식을 치료하기 위해 맡겨진 페그 부처는 소녀의 치유를 위해 도움이 되는 이상적인 사람들이었다. 결국, 그들은 안나를 좋아하게 되어 안나의 자유를 가능한 한 존중해준 것이다. 페그 부인은 안나를 흉보는 친구인 스텝스 부인에게 '저 아이는 좋은 아이'라고 단언하며 심한 말다툼을 한다. 그것을 안나는 우연히 듣는다. 그날 밤, 페그 부인은 스텝스 부인을 방문할 예정이었는데 말다툼으로 방문을 취소하고 남편인 샘이

보고 있는 TV의 권투시합을 보고 싶지도 않은데 같이 보고 있었다. 그것을 알고 안나의 분노가 폭발한다.

안나는 자기와 그리고 다른 모든 사람이 보기 싫어서 견딜 수 없었다. 페그 부인이 오늘 밤 외출하지 않은 것은 안나 때문이었다. 안나는 페그 부인이 좋은 아이라고 해준 것이 기뻐서 어쩔 줄 몰랐다. 그러나 자기 때문에 부인이 친구집 방문을 중단한 것을 참을 수 없었다. 그래서 그녀의 분노는 분풀이가 된다. '페그 아주머니는 바보입니다. 바보입니다. 샘도 바보 바보입니다. 저런 정말 바보 같은 권투시합 따위를 보며, 그리고 미세스 스텁스가 오면!'

이러한 묘사는 실로 능숙하다고 생각한다. 안나가 페그 부처에게까지 화낼 것은 없지 않은가라고 하는 사람은 안나의 분노의 깊이와 그 의미를 이해할 수 없는 사람이다. 안나는 운명에 대하여, 대부분의 사람들에 대하여, 세상에 대한 분노를 폭발하고 싶을 정도임에도 참고 견디며 '보통의 얼굴'을 하며 살아온 것이다. 그러나 소녀는 어느 정도 자기의 분노를 알아줄 것 같은 사람들인 페그부처를 찾아낸 것이다. 거기에서, 그녀의 분노가 밖으로 나오지만 그것이 우선 페그부처를 향하는 것이 특징이다. 우선 감사해야 할 사람을 향하여 분노가 용솟음치는 것은 안나가 이제까지 억제해온 감정이 얼마나 도를 넘는 것이었을까, 소녀는 얼마나 불합리한 것을 억제해왔는가를 나타내고 있다.

'그렇게 분풀이를 해서는 안 된다', '이런 아이는 역시 감정을 통제를 할 수 없다'라고 하여 '나쁜 아이'라는 낙인을 찍어버리면 안나는 이제 '보통의 얼굴'조차 할 수 없는 아이가 되어버릴지도 모른다. 그러나 실제는 이 분노를 계기로 안나의 감정이 움직이기 시작한다. 물론, 그 이후의 치유에 이를 때까지 몇 번이나 위험한 적이 있었지만, 이 분노의 폭발은 그녀의 감정 회복의 출발점으로써 크게 평가해야 할 일이라고 생각된다.

# **다섯** 거짓말 · 비밀 · 성은 선의 항목이다

아이의 나쁜 것과 연결된 문제행동으로 여기에 제시한 '거짓말 · 비밀 · 성'은 어느 것이나 중요한 항목이다. 일반적으로 어른이 아이들에 대하여 '문제행동'이라고 지적하는 것 중에 이것들이 포함되어 있다. 확실히, 거짓말 · 비밀 · 성을 들면, 그것은 어둡고 축축한 영역에 존재하는 것으로 느껴진다. '밝고, 건강한' 아이를 '선'이라고 하면, 그 뒤편의 '악'의 쪽에 거짓말 · 비밀 · 성의 위치가 부여된다.

이렇게 말하지만, 아이 시절에 이 세 가지와 관계없이 생활한 사람은 아무도 없을 것이다. 인간으로서 살아가는 데 피할 수 없는 인간다움과 관련이 있다. 아이 시절부터 어른이 되어가는 사이에 거짓말도 하지 않고, 비밀도 가지지 않고, 성에 고민하지도 않은, 그런 인간다움을 느낄 수 없는 사람은 없을 것이다. 만약 그런 사람이 있다면 그것은 건강하지 못하다는 느낌을 갖게 한다.

인간다움을 키우는 것의 목표로서 '거짓말 · 비밀 · 성'은 오히려 '선'의 항목으로 들어야 하지 않을까? 그러나 우리의 문화적인 분위기가 거기까지 할 수는 없다고 해도, 아이에 대해서, 어느 정도의 거짓말이나 비밀을 가지라고 가르치는 것이 좋은 것일까? 성문제도 처음부터 개방적으로 가르치는 것이 좋을까? 이것은 상당히 어려운 문제이다. 간단하게 정리한 답은 나올 것 같지 않다. 그래서 이 '거짓말 · 비밀 · 성'에 대해서 곧바로 결론을 내리는 것이 아니라, 여러 가지의 사례를 들면서 견해를 정리하고 싶다.

## 1. 거짓말은 창의력의 씨앗이다

아이 시절에, 거짓말을 하여 부모나 선생님에게 심하게 꾸중들은적이 많을 것이다. 그리고 엉겁결에 한 '거짓말'을 지키기 위해서 잇달아 거짓말을 하고, 그 중압감에 괴로워하면서도, '그것은 거짓말이다'라고도 말할 수 없는 체험을 한 사람도 있을 것이다. 실은 민속학자인 야나기다 씨도 그와 같은 체험자이다. 그가 그 체험을 이야기하면서 거짓말에 관해서 어떤 것을 말하는가를 보기로 하자.

### 거짓말에서 상상력이 자란다

야나기다 씨는 '거짓말'에 관심이 강하였던 것 같다. 이 '거짓말'은 민속학자로서의 재치꾼(trick star)의 기본자질이 되었다. 그는 『불행한 예술』속에서 '거짓말과 아이', '거짓말과 문학과의 관계'에 관해서 이야기한 바 있다. 이것은 대 사상가인 쓰루미 씨의 소년시대에서도 다룬 바 있다.

야나기다 씨는 '거짓말'에 대하여 매우 긍정적이다. 초등학교생이 당시라면 큰돈인 '3000엔을 줍는다'라는 거짓말을 한 예를 들어 9세 때에 '서의 2년여 동안 괴로운 거짓말을 한 경험이 있다'라고 말하고 있다. 같은 반 친구들에게 자랑을 하고 싶어서 친척아주머니가 아주 예쁜 딸을 데리고 와 집에 머무르고 있다는 거짓말을 해버렸고, 그것이 본의 아니게 자꾸 부풀러올랐던 것이다.

민속학자다운 고찰이다. 야나기다 씨는 원래 '거짓말'

은 '남의 일'이라고 불리어 허위라는 의미보다도, 재미있는 이야기라는 의미 쪽이 더 강하다는 것을 밝히고 있다. 그리고, 얼마 전까지만 해도 마을에는 평판있는 거짓말쟁이 노인들이 대개는 한 사람씩 살고 있어 사람들을 즐겁게 하였다. 그와 같은 분위기에서 '평판이 있는 거짓말은 반드시 이야기로 되어 있다. 어려운 말로 하면 벌써 문예화하고 있다'라는 것이다. '어쨌든 인생을 밝고 재미있게 하기 위해서는, 거짓말을 빼고는 생각할 수 없는 사람이 옛날은 많았다'라고 말한다.

그러한 이유로 예전의 사람은 '거짓말'과 '허위'를 구별하였다. 그런데 근대가 되자 그것들을 구별하지 않고 일괄해서 '거짓말'이라고 단정하여, '거짓말은 도둑질의 시작'이며, 이것은 나쁜 일이라고 인정하는 풍조가 되었다. 이러한 결과, 우리 사회는 점점 거짓말을 숨기게 되어 새롭게 불필요한 죄의 수를 늘려갔다. 이런 점에서 근대인은 오히려 자유롭지 않다. 결국, 근대인은 인생의 즐거움을 놓치고 경직되었다고 해석할 수 있다.

그러면 아이의 '거짓말'에 어떻게 대처하면 좋을까? 야나기다 씨는 다음과 같은 예를 들고 있다. 그가 아이 시절, 일곱 살의 남동생이 튀김을 사오라는 심부름을 다녀왔으나, 튀김의 앞부분이 3할 정도 없었다. 남동생은 '사가지고 집에 오는 데 숲 속에서 쥐가 달려와서 튀김을 먹고 도망갔다'라고 설명하였다. 야나기다 씨의 표현법으로는 '한 편의 심리소설을 썼다'는 것이다. 이 때 가족들의 반응은 어떠하였을까.

다행히 이 거짓말의 청중은 동정심이 풍부한 사람들이었기 때문에 문제가 없었다. 어머니는 평소 잔소리가 많은 분이었지만 '이 때만은 이상하게 웃었다. 그렇게 기분 좋게 아이에게 속아주고, 꼬마의 가련한 지혜의 모험을 성공시켜 준 것이다'고 회상한다.

이러한 예를 들어, 야나기다 씨는 근대화된 어머니들이 아이의 거짓말에 마구 화내지 않도록 충고한다. '아이가 순간 거짓말을 한 경우, 곧바로 꾸짖는 것은 유해하다. 그렇다고 "그래"라고 믿는 얼굴을 하는 것도 좋지 않다. 역시 자기의 사연스런 감정대로 마음껏 웃는 것이 좋을거라고 생각한다. 그러면 그들은 점차로 사람을 즐겁게 하는 유쾌감을 느껴, 밝고 건강한, 또한 상상력이 풍부한 문장가가 될지도 모르기 때문이다.'

이상이 체험에 근거하는 야나기다 씨의 '거짓말 이론'이다. 오늘날의 아이들에게도 주는 시사점이 다가온다.

## 용서가 아이를 망친다?

민속학자 야나기다 씨는 '근대화된 어머니'의 전형상을 대 사상가 쓰루미(鶴見俊輔) 씨의 어머니로 보고 있다. 조금 전에 예를 든 야나기다 씨의 어머니께서 보인 아이의 거짓말에 대한 태도를 소개한 후, 쓰루미 소년의 어머니와는 완전히 다른 유형이라고 언급했다. 아마 쓰루미 소년이 어머니에게 이런 거짓말을 하면 몇 시간은 추궁당할 것이 틀림없다. 쓰루미 소년의 어머니가 아니더라도 보통의 어머니들 역시 거짓말은 나쁜 짓의 시작이라며 꾸짖을 것이 눈에 선하다. 그러나 이러한 엄격한 태도가 얼마나 소년의 미래를 어둡게 해버리는지 모른다. 쓰루미 소년은 그것에 반발할 힘을 가졌고, 또 미국에 유학할 수 있는 축복받은 가정환경에 있었기 때문에 그것으로 무너지는 일은 없었지만 창의력의 씨앗을 마르게 하는 일이라고 지적하고 있다.

거짓말을 창의력의 씨앗으로 자라도록 이끄는 것은 대단히 중요한 핵심이다. 물론, 아이의 거짓말을 전부 허용하라는 것은 아니고, 아이의 거짓말을 엄격히 추궁하는 어머니가 모두 '나쁜' 어머니라는 의미도 아니다. 다음에

아이의 거짓말에 대하여 엄격하게 용서하지 않는 태도의
어머니이지만, 전혀 다른 감정으로 들을 수 있는 이야기
를 소개하기로 하자.

작가인 다나베 씨의 추억이다. 다나베 씨가 초등학교 4
학년 때, 1년에 한 번 보는 학력고사 시험 성적을 각 가정
에 회람 통보하게 하였다. 그 때, 평소보다 낮은 60점을
받았다. '그리고는 매일 지옥 같은 괴로움'이 시작된다.
어머니는 '이번 성적은 어떠냐? 언제 성적표 나와?'라고
물었지만, '몰라요, 아직 듣지 못했어요'라고 거짓말을 해
버린다. 성적은 점수 순서대로 돌아오기 때문에 약간의
시간이 있었다. 그 동안 들키지 않게 그럴듯한 거짓말을
했고 어머니는 감쪽같이 속으셨다. 그러나 이것은 '내 인
생에서 거짓말이 무엇인가를 확실히 알게 해준 괴로운 사
건'이 되었다. 결국 학력고사의 성적이 왔고 그래서 이층
에서 어머니에게 무릎을 꿇은 채로 꾸중을 들었다. 어머
니는, 성적이 나쁜 것도 나쁜 것이지만 거짓말을 꾸짖는
것이었다. '혼을 내는 방법도, 우리 어머니는 정말 무서웠
다. 정말로 1 대 1로 죽일 것 같은 얼굴로' 꾸중을 한다.
이 때 정말 무서웠다. '1년 내내 방에서 나오는 적이 없는
증조모가 휴휴 하고 숨을 헐떡이며 이층에 올라와, 아직

어린 아이에게 너무 지나치게…'라고 하여 겨우 수습이 되었다. 다나베 씨의 이런 거짓말 체험을 듣고 있으면, 민속학자 야나기다 씨의 거짓말을 하는 아이는 '상상력이 풍부한 문장가가 될지도 모른다'라는 이론이 실증되었다고 느껴진다.

그렇다고 해도, 다나베 씨 어머니의 심한 꾸중 이야기는 어쩐지 상쾌한 기분이 되어, '좋은 어머니이군요'라는 말이 자연스럽게 나온다. 야나기다 씨의 경우와 분명히 다르다. 이것은 어째서일까?

## 예수님이나 공자님은 인간관계의 적이다

야나기다 씨가 말하듯이 거짓말에도 두 종류가 있다. 인생을 재미있게 하기 위한 거짓말과, 자기의 이익을 지키기 위한 허위이다. 그리고 후자에 대해서는 엄격히 벌하지 않으면 안 되지만, 전자에 대해서는 웃어버리는 관용도 필요하다. 이것은 하나의 지표이다. 그러나 현실에서는 그렇게 명확히 구별되지 않는 어려움이 있다. 야나기다 씨의 동생의 경우에서도, 훔치기를 한 뒤에 그것을 속이려고 하고 있다는 견해를 갖는다면 절대로 벌하지 않고는 안 된다. 또 하나 고려해야 할 요건으로서 인간관계라는 것을 생각하여 보자.

다나베 씨의 경우, 확실히 자기의 불리함을 모면하려고 하는 거짓말이기 때문에 어머니의 분노는 지당하다. 그러나 그 밑바닥에 인간은 누구라도 약한 자라고 생각해보면 모두 같고, 더구나 아이라는 입장을 고려한다는 점은 긴 역사 속에서 길러진 서민 감각 같은 것이 살아있다는 것을 증조모가 보여주고 있다. 서민적 인간관계에서 느껴지는 어머니에 대한 또 다른 엄격한 질책인 것이다. 따라서 상쾌감을 느끼면서, 어쩐지 마음이 따뜻해지는 느낌이 다가온다.

현대적 어머니 중에는, 나쁜 짓의 반대가 좋은 짓은 아니다라든가, 아이를 이해한다 등을 방패로 삼아 아이의 거짓말을 간과하는 사람이 있지만 이것은 곤란한 일이다. 옳고 그름의 분간을 못하는 인간은 주관이 없어서 자기의 힘으로 설 수 없다. 그러나 거짓말은 설내 용서하지 않는다라는 것과 '나는 정직해요 그러나 가끔 거짓말도 해요'라고 인간으로서의 공감을 양립시키는 것은 어렵다. 그 점은 다나베 씨가 이야기하듯이 대가족에서는 이야기하지 않아도 역할분담이 되어 있어 자연스럽게 이루어졌다. 현대는 대가족의 부정적인 면을 의식하여 핵가족의 형태가 많아졌기 때문에, 자녀양육을 잘 해내기 위해서는, 옛날의 부모보다도 어려운 일을 하지 않으면 안 된다는 자각이 필요하다. 다나베 씨의 모친과 증조모가 한 일을 현대의 어머니는 혼자서 해야 하는 것이다. 핵가족이 된 만큼 부모의 과제가 불어나는 것은 당연한 일이다. 변화는 좋은 일만 있는 것은 아니다.

쓰루미 씨 부모와 소년의 경우는 어떠하였는가. 야나기다 씨의 표현을 빌리면 또 참고가 된다. 야나기다 씨는 근대화되기 전에는 거짓말의 재미가 서민들의 생활 속에서 잘 받아들여지고 있었으나 상류층에게서는 그렇지 않았다고 덧붙이고 있다. 그리고 근대화 이후, 일본인이 모두 상류층의 삶의 태도를 흉내내려고 하였기 때문에 거짓말의 가치가 갑자기 인정되지 않게 된 것을 지적하였다. 쓰루미 소년의 어머니는 상당히 엄격한 상류층의 도덕에 따르고 있었으므로 더 엄격했다는 것이다.

그러나 문제는 그것만이 아니었다. 서양문화의 영향도 있다. 서양에서는 거짓말은 철저하게 배제된다. 그것은 악이다. 일본에서는 보통으로 '거짓말투성이'이라거나 '거짓말이지'라고 말하지만, 그것을 그대로 영어로 직역하면 대단한 일로 비화된다고 지적하고 있다. 그리고 요

즈음 사람들은 '에이, 거짓말이지' 대신에 '에이, 농담이
지'를 사용하는 것 같다

이것은 실로 중요한 것이다. 구미에서 '거짓말쟁이'라
고 말하면 얻어맞아도 어쩔 수 없을 정도이다. 그 대신, 그
들은 조크(joke)를 좋아한다. 그리고 조크와 거짓말이란
명확히 다른 것으로 인식한다. 그 점이 우리나라에서는
구별이 애매하여 '거짓말'이라고 한다. 야나기다 씨가 말
한 '에이, 거짓말이지'라는 것은 확실히 예전에 잘 쓰여
지던 말이다. 누군가 지혜가 있는 사람이 미국인이 말하
는 You are kidding에서 힌트를 얻어 만들어낸 것인지도
모른다. 그러나 지금은 쇠퇴하여 '거짓말' 쪽으로 많이
쓰이기 때문에 우리나라에서 거짓말을 농담으로 보는 경
향이 아직 유지되고 있는 것인지도 모른다.

이야기가 벗어났지만 강조하고 싶은 것은, 우리나라에
서 서양문화를 받아들였을 때, 그것에 열중한 가정은 우
리의 전통으로부터 멀어져 '거짓말은 절대 악이다'라는
사상은 수입하였지만 조크(joke)의 기술을 전혀 수입하지
않았다. 그것에 부가한 것이 상류층의 도덕이다. 절친한
친구인 스위스 사람이 "동양의 지식계층(intelligentsia)은
정말 대단하다. 공자님과 예수님을 언제나 의식하고 있

다"라고 말하였지만 이것은 명언이다. 쓰루미 집안의 어머니는 그야말로, 예수님과 공자님을 배경으로 교육을 했으므로 쓰루미 소년으로서는, 그것에 대항하기 위해서 거짓말을 할 수밖에 없었다고 생각한다. 예수님이나 공자님이 강하면 인간관계가 끊어지게 된다. 그 안에서 지나친 엄격함은 아이에 대해서 바람직하지 못한 효과를 가져올 수 있다.

## 2. 비밀은 타인과의 거리를 만든다

비밀이라는 것도, 아이의 성장 과정에서 대단히 중요하다. 전에 아동문학에서 이야기된 아이의 비밀에 관해서 논한 바 있다(『아이들의 우주』, 학지사). 아이에게 있어서 '비밀'이라는 것이 얼마나 중요한가, 비밀의 중요성을 강조하지만 아이가 비밀을 갖는 것을 극단적으로 싫어하는 사람이 있는 것도 사실이다. '어두운 비밀'이라는 표현은 있지만, '밝은 비밀'이라는 표현은 없다. 마음에 비밀을 가지는 아이는 '어두운' 아이라고 염려가 되어 나쁜 일로 생각하기 때문일 것이다. 이러한 생각이 기저에 깔리면 '무엇이든지 이야기하는 아이'는 '좋은 아이'라고 확신

하는 교사나 부모가 생긴다. 그러나 잘 생각해보면 세상
은 그 정도로 간단하지만은 않은 것 같다.

## 비밀은 친밀감을 만든다

교사로서, 학생의 여러 가지 개인적인 것을 많이 알고
싶어하는 사람이 있다. 가족은 어떤 사람인가에서부터 시
작하여, 어제는 무엇을 하였나, 지금은 무엇을 생각하느
냐 등등 '알고 싶어하는 병'에 걸렸다고 말하고 싶을 정
도이다. 초등학생·중학생은 물론이지만, 대학교수도 이
런 사람이 있다. 타인의 개인적인 일(privacy)에 지나치게
파고든다. 이러한 것은 구미에서는 절대로 허용되지 않는
다. 이것은 원래 우리나라에서 이상적인 관계라는 것을
일심동체라는 표현으로 나타내듯이, 서로에게 아무런 비
밀도 없는 사이라는 생각에 의한 것이다. 우리 사이에 사
적(privacy)이라는 개념은 존재하지 않았다. 이러한 경향은
아직도 우리나라에 널리 남아 있다. '진보적'일 것 같은
우리나라의 대학이나 학회조차도 이러한 경향이 있다.
'선생님'에 대하여 비밀을 갖는 것이 용서되지 않는다.

비밀은, 그것을 가짐으로써 타인과의 사이에 '거리'를
유지하는 것이 가능하다. 일심동체가 아니다. 이것은 바

꾸어 말하면, 비밀을 가지면 타인과의 사이에 '거리'가 생겨 고독에 빠지는 일도 있다. 비밀은 양날의 칼이다. 따라서 비밀을 가지는 사람이 그것을 어떻게 껴안는가가 중요한 열쇠가 된다.

먼저 소개한 『데미안』속에서, 싱클레어 소년은, 크롬머에게 협박당하고 벌벌 떨면서 돌아온다. 그 때 부친에게 꾸중을 들으면서 부친에게 비밀을 가진 것에 대해서 이상한 감정을 체험한다. '그것은 싫은 지겨운 기분이었다. 그러나 강하고 깊은 매력을 갖고 있었다.' 어째서 그것은 매력을 갖고 있을까? 그것은 부친의 존엄성에 처음으로 틈이 생겼으며, 소년생활을 지탱한 기둥에 처음으로 구멍이 생긴 새로운 체험이었다.

어린 시절 부모와의 일심동체적인 관계는 아이를 지탱하는 힘이다. 그러나 아이가 자립하기 위해서는 그 기둥을 부술 필요가 비밀의 의미에서 생겨 나온다. 그렇다고 해도, 이것은 상당한 위험이 따르는 것이다. 진크렐 소년은 자칫 잘못하면 여기에서 '불량소년'으로 전락하여 갔을지도 모른다. 실제, 이러한 시기에 전락의 길을 걷게 되는 소년 소녀들이 있다. 이 때 우리 어른들은 비밀의 의미를 잘 이해함으로써, 소년 소녀들이 자립의 길로 전환하도록 도울 수가 있다.

이러한 비밀과는 달리, 소년 소녀들이 자기의 열등한 부분이나 기피해야 할 부분이라고 생각하여 자신의 비밀을 숨기고 있으면, 또래 사이에도 설명이 불가능한 심리적 거리가 생긴다. 불행하게 자란 성장의 비밀을 가진 아이가 그것을 누구에게도 알리지 않았는데, 집단따돌림의 대상이 되어 불행의 이중고를 경험하는 것도 이 때문이다. 그와 같은 비밀은 오히려 누군가가 알아주는 것으로 마음이 가벼워지는 일이 많다. 그러나 그러기 위해서는 서로간에 깊은 공감대의 인간 관계가 형성되지 않으면 안 된다.

## 비밀의 가치는 시간이 지나면 소멸된다

비밀은 아이의 자립, 혹은 그 정체성(identity)과 관련된 것이기 때문에 아이는 아이대로의 비밀을 가지고자 한다. 많은 아이들이 체험하는 것은 아이들 나름대로의 '비밀의 보물'을 가지는 것이다. 그래도 그것은 멋있는 것이기 때문에, 단지 한 사람만이 가지는 것은 아깝기 때문에, 누구나 '비밀의 보배'를 남에게 보이고 싶어지는 것도 사실이다. '이것은 비밀이지만'이라는 토를 달고 남에게 보이게 된다. 그 때에는 역시, 자기가 가장 중요하다고 생각하는 사람을 고를 것이다. 처음은 모친, 또는 부친, 형제에게, 가족에게는 보이지 않고 친구에게만 보이게 변화해간다. 혹은 어떤 시기에 '비밀의 보물'인 것이 시간이 지나면 전혀 가치를 느끼지 않게 되기도 한다. 성장의 단계에 따라 그 역할을 끝내어가기 때문이다.

아이는 비밀의 보물을 어렵게 손에 넣는 경우도 있다. 분석심리학자인 C · G · 융은 '개성'이라는 것을 대단히 중요하게 여긴 사람이지만, 그의 『자서전』속에서 다음과 같은 의존의 추억을 이야기한다.

융의 10세 정도의 시절, 잣대의 끝에 연미복을 입고 위로 높은 모자를 쓰고 번쩍거리는 검은 장화를 신은 길이 5cm 정도의 작은 인형을 조각하여, 크레용으로 검게 칠하고 칼로 잘라 필통에 넣었다. 그는 그 필통을 집 꼭대기에 있는 다락방에 숨겨놓았다. 누구도 알 수 없는 곳에 숨겨진 이 인형은 융 소년의 버팀목이 되었다. 괴로울 때나 어려울 때는 그 인형을 마음에 떠올리며 위로를 얻었고, 때로는 자기의 생각이 떠오른 중요한 일을 종이에 써서 아무도 모르게 지붕 밑 다락방에 가서 인형이 있는 곳에 놓기도 하였다.

'나는 새롭게 얻은 안전감에 만족하였다. 누구도 모르

는, 누구도 접근할 수 없는 무엇인가를 얻은 것에 만족하였다. 이것은 결코 밝혀져서는 안 되는 범하기 어려운 비밀인 것이다. 그러한 것은, 나의 생활의 안전이 그 일에 걸려 있기 때문에…' 라고 융은 이야기하고 있다.

이 정도의 무게를 갖는 '비밀의 보물' 이 아니더라도, 많은 아이들은 그 나름대로의 보물을 가지고 있다. 그런데 아이다운 부주의로 그것들이 때로 어른의 눈에 발견되는 적이 있다. 그 때에 어른의 판단으로 그것들을 바보 같다고 웃어버리거나, 때로는 버려버리는 일이 없도록 주의하라고 말하고 싶다. 그것은 그 아이에게 있어서 자기의 존재와 동등하다고 할 정도의 무게를 갖기 때문이다.

## 아이들만의 세계가 있다

부모에게 있어서, 아이가 무엇이든지 이야기를 해주어 비밀을 가지지 않는다는 것은 기쁜 일이다. 또한 안심하기도 한다. 그러나 그것이 계속되는 일은 있을 수 없다. 또, 부모가 비밀이 없기를 너무 강요하면 바람직하지 못한 일이 생긴다. 그렇다고 부모나 교사가 아이가 비밀을 갖는 것을 장려하는 것도 어이없는 일이다. 그것은, 아이의 성장에 따라 자연발생적으로 생겨나는 것이기 때문이다.

아이는 부모로부터 자립해가는 것이니까라고 일찍부터 떼어버리는 것도 문제이다. 특히, 우리나라는 경제가 급격하게 성장했기 때문에 아이에게 독방을 주는 일이 늘어났다.

그러나 몇 살부터 독방을 주어야 하나? 그리고 독방에 들어간다고 해도 그 열쇠를 몇 살 때에 건네줄까 등에 관해서 신중해야 한다. 이런 점은 오히려 개인생활을 강조하는 구미에서는 긴 역사 속에서 자리잡은 만큼 상당히 구체적이다. 예를 들면, 독방을 사용하게 하지만 아이들은 될 수 있는 한 거실에 있도록 한다. 15세가 될 때까지 아이는 자기의 방에 자물쇠를 채우면 안 된다. 아이의 친구가 놀러오더라도 자기 방으로 들어가기 전에 반드시 부모에게 소개한다 등의 여러 가지 규칙을 훈련시킨다. 가정에 따라 조금씩 다르지만 단적으로 말하면, 아이는 어느 연령이 될 때까지는 부모에 대해 필요 없는 비밀을 가지지 않도록 통제되고 있다.

이 점에 대해 우리나라는 경제적인 풍요로움으로 '자기 방' 문화가 갑자기 가능하게 되었기 때문에 아주 놀랄 만한 사건이 발생할 때가 있다. 언제였을까, 어떤 중학생이 자기 방에서 친구들과 모여 다투는 중에 살인사건이 일어난 적이 있었다. 그 때 유럽의 친구들이, 왜 그와 같은 이상한 일이 일어나는가, 중학생 자녀의 방에 부모가 모르는 친구들이 들어오는 것 등은 생각할 수 없다는 반응이었다. 십대에게 그러한 비밀을 허용해도 좋은가라는 것이었다. 이러한 상황은 우리나라에서도 앞으로 독방 문화를 건전하게 정착하는 노력을 잘 해야 하는 일임을 생각하게 한다.

이것과는 반대로, 아이가 성장하더라도 일체 비밀을 가지는 것을 허용할 수 없다는 부모도 문제다. 이런 부모는 아이의 방에 몰래 들어가 자녀 소지품을 조사하거나 일기를 읽는다. 아이의 내적 세계를 존중하지 않는 양육 태도로, 이것은 아이에 대한 불신감이라기보다는 자기 자신에 대한 불안이 그 요인이다. 자기에게 자신이 없기 때문에 아이가 자립하여 떠나가는 것이 두려운 것이다. 이것은 부모와 아이의 관계만이 아니라, 지도하는 사람과 지도받는 사람과의 관계에서도 말할 수 있는 것이다. 어른이 자기의 정체감을 확실히 갖고 있지 않으면 아이가 비밀을 가진다는 것이 견딜 수 없다. 아이를 자기 세계에 머물게 하여 멈추어 있게 함으로써 안심하려고 하기 때문이다.

## 3. 아이에게 성은 대단히 성가신 것이다

### 성은 동화 속의 이야기가 아니다

성(性) 그 자체는 나쁜 것이 아니다. 성이라는 것이 없다면 인류는 멸망한다. 그럼에도 불구하고, 아이들에게 있어서 성은 항상 나쁜 짓을 연상하게 한다. 지금까지 언급하여 온 거짓말이나 비밀이라는 것은 성과의 관련에서 많이 나타난다. 아이가 어른에 대하여 또, 어른이 아이에 대하여 거짓말을 하거나 비밀로 하는 것이 성과 관련해서 자주 일어난다. 아이의 거짓말이나 비밀을 나쁜 행동으로 엄격히 책망하는 어른 중에는 성에 관해서 어른이 아이에게 거짓말을 하거나, 비밀로 하거나 하는 것은 오히려 좋은 것이라고 생각한다. 도대체 이것은 어째서일까.

성에 대한 태도는 문화에 따라서 상당히 다르다. 아이들에 대해서도 거의 개방적인 문화도 있다. 그러나 '문명'이 발달함과 동시에, 성은 그늘 쪽으로 쫓겨나고 있다. 이것은 인간이 자기 자신을 통제하는 것으로 문명을 발전시켜 왔지만, 인간이 가장 조절하기 어려운 욕망이 성이라는 것에 있기 때문이다. 기독교 문화권에서는 성욕은 실로 무서운 적이라는 경향이 강하고, 우리나라도 그 영향을 상당히 받고 있다. 따라서 성이라는 것을 마음속에 잘 받아들이는 일이 어렵게 된다.

아이에게도 성은 대단히 성가신 것이다. 마음속에 어떻게 위치를 부여하여야 좋은지 모른다. 그러나 그것은 자기 속에서 이해하기 어려운 꿈틀거림을 생성해낸다. 현재는 성문화에 변화가 일어나고 있지만, 이전의 기독교 문화권에서는 성에 대한 거부감이 대단히 강하여, 출산에 관해서까지 아이에게 비밀로 하여 황새가 아이를 가져다준다거나, 다리 밑에서 주워왔다고 아이들에게 믿게 하려고 하였다.

전혀 어이가 없는 것 같지만 이것도 일리는 있다. 아이에게 있어서는 성이나 출산에 관한 '사실'보다도 황새나 다리 밑의 이야기 쪽이 훨씬 받아들이기 쉽다. 요컨대 아이에게는 이것이 '진실'이라고 생각되기 때문이다. 인간은 무엇인가의 사정을 자기에게 납득이 가는 쪽으로 받아들이기 위해서는 '이야기'를 필요로 한다. 황새의 이야기는 유아에게는 적절한 이야기가 되는 셈이다.

그러나 아이가 성장하면서 황새나 다리 밑 이야기는 통용되지 않게 된다. 아이들은 어른이 무엇인가 '비밀'을 갖는 것 같다고 느낀다. 이렇게 해서 그 비밀에 관련된 어른과 아이의 공방이 시작된다. 그 과정 속에 '어른이 되기' 위한 아이의 괴로움이나 노력, 그 사이에 작용하는 상상과 '나쁜 짓'에 대한 체험적인 학습이 포함된다. 문명국에서 '어른이 된다'는 것의 어려움을 체험하면서 아이는 단련된다. 근대사회 이전의 성에 대한 체험은 현대와 전혀 다르고, '어른이 되는' 과정도 다르지만 여기서는 언급하지 않는다.

'성'을 중요하게 여기는 현재의 어른들은 에이즈라는 무서운 적이 있기 때문에 성에 대한 비밀을 둘러싼 어른과 아이의 결전을 넌센스라고 생각하여 아이들에게 일찍부터 '사실'을 가르치는 성교육이 필요하다고 주장한다. 이 점에 대해서는 상담자 견해로는 지나치게 성급하다고 생각한다. 자기에게서의 진실을 찾기 시작하려고, 성의 이야기를 자기 나름대로 추구해가는 과정은 어른이 되기 위한 좋은 훈련이고, 모처럼의 그와 같은 훈련 기회를 어른이 빼앗아버리는 것은 안타까운 일이라고 생각한다.

### 청소년 매매춘은 나쁜 행동이 아니다?

혹시나 이성적 교육의 결과일지도 모르지만 종잡을 수

없는 성 문화가 우리나라의 십대 안에서 계속 생겨나고
있다. '원조교제'라고 불리지만 실상은 청소년 성 매춘이
라고 할 수 있는 행동에 사춘기의 소녀들이 관련되고 있
다. 이것이 최근의 사회문제로 부각되고 있다. 가장 초점
을 두고 싶은 점은 사춘기의 소녀들이 '원조교제'를 하는
것에 대하여 죄책감이나 어두운 느낌을 부정하는 태도이
다. '반항'하는 것이 아니라 그것도 어깨를 펴고 극히 '보
통'의 얼굴을 하고 있다. '원조교제'의 실태를 조사한 기
자들은 소녀들이 그것이 나쁜 행동이 아니라는 부정에 견
딜 수 없는 느낌을 받았다고 한다. 뭔가 문제가 있는 반항
적인 중·고등학생을 예상하고 있었는데 '보통'의 소녀
가 '보통'의 얼굴로 '보통'의 일이라고 응답하기 때문에
곤경에 빠지는 느낌이라고 발표했다.

　이러한 일이 생기는 요인의 하나로서, 근대적 사고방법
에 의해 마음과 몸을 명확히 분리하여 생각하게 된 것을
들 수 있다. 마음과 몸이란 다른 것이다. 또한, 성의 '진
실'이 단지 생물적인 사실에 의해서 이야기된다면 성은
'몸'의 일이고, 거기에 나쁘다는 등의 윤리적 판단이 들
어갈 여지가 없어진다. 종잡을 수 없는 것도 당연하다. 극
단적으로 말하면 맛사지를 해주고 돈을 받는 것과 무엇이

다르냐는 것이다. 실제로 '원조교제'에 의해서 돈을 받을 때의 소녀들의 감각은 그것에 가까운 것같이 생각된다.

서양의 근대사에서 강조하는 이분법적으로 사물을 명확히 구별하는 사고방식의 배후에는 원래 모든 생물과는 명확히 구별되는 신이라는 존재가 있었다. 그리고 그 신의 판단에 의해서 선과 악도 명확히 결정되었다. 그러나 마음과 몸을 명확히 나누어 생각한다고 해도 '매춘은 악'이라는 신의 재단이 거기에 존재하는 한, 보통의 얼굴로 매춘을 하는 것은 불가능하다.

그런데 우리나라 소녀들이 서양 사고의 일부를 받아들여 마음과 몸을 나누어 생각하고, 모든 것을 '합리적이다'라고 생각하게 되면 소녀들이 자기의 몸을 사용하여 돈을 버는 일이 어디가 나쁘냐라고 반문하였을 때에 대답이 궁하게 된다. 청소년 매매춘 그것은 어째서 나쁜 행동인 것일까?

### 성은 몸에도 마음에도 깊이 연결되어 있다

성 그 자체는 나쁜 것이 아니다. 그렇다면 원조하는 측도 받는 측도 납득하여 만족하는 것이 어째서 나쁜 행동인 것일까? 우리는 설득력 있게 설명할 수 있을까?

혹여 인간을 마음과 몸으로 나누어 생각하더라도, 성은 몸에만 관련된 일이라고 단언할 수 있을까? 거기에는 아무래도 마음이 관련되어 있는 것은 아닐까? 성은 마음에도 몸에도 깊이 관련되어 있다. 그것은 '연결하는' 힘을 갖고 있다. 그와 같이 말하면, 성은 남자와 여자를 연결하는 것이기도 하다. 그리고 그것은 빛과 어둠을 잇는 것이라고 말할 수 있지 않을까? 성에 의해서 천국의 체험을 하는 사람도, 지옥의 체험을 하는 사람도 있는 것이 아닐까? 더구나 그와 같은 '결합'에서 새로운 생명이 탄생한다는 점은 역시 신비로운 일이다.

인간 생명의 불가사의, 남자와 여자라는 이성이 존재하는 것의 불가사의, 그것들과 성은 깊이 관계되어 있다. 인간존재라는 알 수 없는 것을 마음과 몸으로 나누어 생각하는 것은 하나의 유효한 수단이기는 하지만, 그것으로 모든 것을 다 알 수는 없다. 마음과 몸으로 나눠버리는 것으로 인간 존재의 가장 중요한 것이 누락되어 버릴 수 있다.

이러한 것을 정말로 실감한다면 마음과 몸으로 나누어 인간을 생각하고, 그 몸의 일부로 성을 생각하고 행동하는 것은 인간으로서 실로 무리수를 두고 있는 것을 알게 된다. 그리고 많은 경우, 그 '무리'는 마음이나 몸에 어떠한 장애로 나타나게 된다. 강한 우울증이 되거나, 이성에 대한 강한 혐오감이 되거나, 대인관계에서 곤란함이 되어, 그것들을 해결하려고 자기 마음의 본연의 자세를 더듬어가는 동안에 그 전의 행위가 마음속 깊이 죄로서 각인되어 있다는 것을 깨닫게 된다.

더욱, 이것은 누구나 그렇게 된다고 할 수 없다. 소녀매춘을 한 일도 보통의 일로 잊어버리는 사람도 있을 것이다. '무리'는 반드시 일어난다고 말할 수 없다. 인간이라는 것은 이상한 것이다.

따라서, 원조교제에 관해서 일반론은 말할 수 없다. 그러나 감히 일반화하여 말한다면, 매춘은 '영혼에 나쁘다'라는 것이다. 영혼이 있는지 없는지 모르니까 '자신들은 아무 것도 나쁜 짓을 하지 않았다'라고 주장하는 소녀들에게 정신건강에 해롭고 영혼이 상처받을 수 있다는 생각을 소녀들에게 알게 하기는 여간 어려운 일이다.

이러한 생각을 하면서 소녀매춘이라는 행위가 어쩌면 소녀들의 영혼의 외침으로 그녀들 자신도 무엇이 무엇인지 모르는 채로 어른들의 주의를 환기시키지 않을 수 없는 행위로서 분출시키고 있는 것처럼 보인다. 이러한 현상을 만들어낸 사회의 모습에 대해서도 크게 반성할 필요가 있다.

# 여섯 집단따돌림엔 오랜 역사가 있다

청소년의 '나쁜 행동'이라고 하면 요즈음 집단따돌림을 상상하는 사람이 많을 것이다. 지금, 학교 현장에서 가장 문제가 되는 것이, 등교거부로 인한 중도탈락과 학교폭력, 집단따돌림이다. 집단따돌림의 경우는, 살인이나 자살로까지 이어져 생명과 관계되는 경우도 있기 때문에 대단히 심각하다. 애처로운 자살사건이 계속되기 때문에, 우리 국민 전체가 집단따돌림에 관심을 보여 '집단따돌림 근절'이라는 슬로건이 지역사회 여기저기에 보일 정도가 되었다.

집단따돌림은 옛날부터 자주 있었다든지, 어른 사회도 포함하여 어디에나 있는 일이라고 말하며 크게 소란스러운 것을 불편하게 느끼는 사람도 있다. 확실히 그것도 일리가 있다. 집단따돌림은 먼 옛날부터 지금까지 인간 사회에 있어 왔으며 '근절'할 수는 없다는 것이다. 자기의 아이 시절을 떠올리면서 집단따돌림을 하거나 집단따돌림을 당하기도 하면서 성장해왔고 어른이 그것에 어떠한 개입을 해서는 안 된다고 주장한다.

지휘자인 이와시로 히로유키 씨의 『집단따돌림의 풍경』이라는 책이 있다. 이전의 아이들이 체험한 집단따돌림의 모양이 잘 묘사되어 있다. 자기의 어린 시절 일을 떠올리며, '그랬었다'라고 생각하기도 하였다. 그중에서 초등학교 4학년 때에 집단따돌림을 당하는 중에 '돌연히, 나는 폭발하였다'라는 것으로, 4, 5명을 상대로 엉망으로 싸워, 그 이후 집단따돌림은 뚝 그쳤다는 이야기는 대단히 인상적이었다. 비슷한 체험을 한 사람들이 비교적 많지 않을까? 자신의 체험에 근거한 '집단따돌림의 풍경'의 후기에 다음과 같이 말하고 있다.

'단지 하나 말할 수 있는 것은 집단따돌림은 우리나라뿐만이 아니라 전 세계에 먼 옛날부터 있었다고 하고 현재도 있다고 한다. 그렇지만 먼 옛날이나 가까운 옛날에도 있었던 이 집단따돌림으로 요즘 같은 자살자가 나온

기록이 있는가? 아마 없었다고 생각한다. 집단따돌림 그
자체를 없애는 것은 인류에게는 불가능할 것이다. 문제는
따돌림의 정도이고, 희생자의 애처로운 숫자인 것이 아닐
까? 이것을 세상의 부모들, 학교의 선생님들과 매스컴은
더 사려 깊게 다루어주면 좋겠다고 생각한다.'

이와시로 씨의 이 말에 동감하며 상담자로서 집단따돌
림을 나름대로 정리해보았다.

# 1. 집단따돌림은 인간성과 깊게 연결되어 있다

집단따돌림은 인간성과 깊게 연결되어 있다. 따라서 사
람이 사는 곳이면 어디에서나, 어느 때나 일어난다는 점
이다. 이 점에 대하여 생각하기 위해서 한 아동문학작품
을 예로 들겠다. 이것으로 외국에도 집단따돌림이 있는
것을 알 수 있고, 집단따돌림의 밑바닥에 흐르는 것이 잘
나타나 있기 때문이다. 질·페이튼·월슈의 『이상한 검은
돌』의 주제인 집단따돌림을 중심으로 논하여 보고 싶다.

## 인간은 이질적인 것을 배제하고 싶어한다

이 작품의 주인공, 제임스 소년은 도회에서 시골로 전학

온 학생이다. 시골이라 해도 신흥단지가 많은 곳이었다. 제임스 집은 단지에 들어갈 정도로 부자가 아니기 때문에 맥주공장이었던 곳을 주택으로 개축한 아파트에 살게 된다. 이 제임스가 동급생들의 집단따돌림의 대상이 된다. 전학온 학생이 집단따돌림의 대상이 되는 일이 많은 것은 동서양을 불문하고 같은 것 같다.

인간은 왠지 이질적인 것을 배제하고 싶어 하는 경향을 갖고 있다. 무엇인가 이질감을 느끼면 그것을 배제하고자 하는 곳에서 집단따돌림이 발생한다. 더욱 이것은 갑자기 반전하여 그 이질적인 것이 '영웅'으로 되는 일도 있다. 이것은 전학 온 학생이 남다른 재능을 갖고 있을 때 다른 모두가 그것을 부러워하고 존경하게 되는 것과 같은 경우이다.

제임스는 전학온 후 바로 동급생과 잘 지내려고 하지만, 그는 '마을'에도 '단지'에도 속하지 않은 사람이어서 양쪽으로부터 배제된다. 제임스의 맥주공장터 집은 예전부터 마을에도 신흥단지에도 속하지 않았다. 따라서, 어느 쪽에서도 '타관 사람' 취급을 받는다. 이러한 점은 우리의 특성과도 닮은 점이 있다.

제임스가 집단따돌림의 대상이 되는 또 하나의 이유는

제임스가 도시에서 왔기 때문에 다른 아이들보다 산수를 잘 한다는 것이다. 누구보다 먼저 계산문제를 끝내버린다. 다른 사람보다 잘 하는 것이 있으면 부러움의 대상이 되거나 집단따돌림의 대상이 된다. 제임스의 경우는 후자가 된다. 여기에 또한 재미있는 것이 있다. 도시의 학교에서는 계산이 일찍 끝나면 다른 공부를 하거나 그림을 그려도 좋았다. 그러나 이 학교의 선생님은 아무 것도 하지 말고 기다리라고 한다. 기다리기에 싫증난 제임스가 다음 장의 계산문제를 하면, 선생님은 '내일 할 것을 지금 해버리면 내일은 무엇을 하려고 그러느냐'라고 제임스를 꾸짖는다. 여기에서 확실하게 선생님의 '교육관' 혹은 '인간관'의 차이가 나와 있다.

이 사실을 안 제임스의 어머니는 선생님에게 항의하러 간다. 이에 대해 선생님은 다음과 같이 말한다. '우리 반의 아이들에게 자기들보다 잘 하는 아이가 전학와서 어느 날 자기들을 제치고 우리 반에서 상위를 차지하는 것은 아이들에게 괴로운 일이고…'라고. 제임스의 어머니는 너무 화가나 '제임스도 아이입니다!'라고 큰 소리로 단호히 말한다.

이것을 읽으면서 영국도 우리나라도 같은 점이 보인다.

사고방식에는 대립하는 두 개의 생각이 있어서, 어느 쪽이 올바른가 간단하게 말할 수 없을 때가 있다. 이 경우에 다른 아이보다 잘 한다고 해도 조금 기다려 보조를 맞추는 쪽이 좋다는 사고방식과, 할 수 있는 아이는 그 아이의 수준대로 자꾸 앞으로 가는 것이 좋다는 생각이 있다. 실제로, 어느 쪽이 '옳다'고 말할 수 없지만, 왕왕 어떤 사회나 문화는 어느 한쪽을 선(善)으로 여긴다. 그렇게 되면 의견이나 생각이 다른 사람은 악이라고 생각되어 집단따돌림의 대상이 되기도 한다. 이것과 유사한 체험으로 자기는 '옳은'데 집단따돌림의 대상이 된 사람이나 아이는 우리나라에도 상당히 많이 있다. 특히 그것이 전학온 학생이거나 우리와 이질적인 '타관 사람'이면 더욱 그러하다.

### 도전하는 사람, 도전받는 사람

소년 제임스는 전학온 학생이라고 '마을'에 넣어주지 않았다. '마을' 소년들의 대장은 테리라고 불리는 몸집이 크고 힘이 강한 소년이다. 테리는 처음 만났을 때 담배를 피우고 있었고, 제임스를 보며 '선생님, 부탁이에요, 계산을 더 시켜주세요'라고 놀리기도 하였다. 부하들을 데리고 가서 제임스가 마을에서 자전거를 타는 것을 방해하기도 했다.

줄거리는 여러 가지 이야기가 겹쳐서 전개되어 가지만, 집단따돌림에 초점을 맞추면 테리와 제임스의 일대일의 대결로 진행된다. 테리는 제임스에게 '라이마스를 건너보자'라고 도전한다. 라이마스란, 댐 위에 철제 기둥이 나란히 서 있고, 그 기둥 사이에 무거운 쇠사슬이 느슨하게 걸려 있는 곳이다. 수량이 불어나면 물이 댐을 넘어서 흘러내려 넓은 연못으로 들어간다. '라이마스'를 건넌다는 것은, 이 쇠사슬을 의지하여 댐 위로 향하는 물가까지 건너가는 것이지만 언제나 수량이 많기 때문에 물살의 힘을 견디지 못하고 손을 사슬에서 놓으면 연못으로 빠져 구출되기가 쉽지 않다.

테리가 제임스에게 이러한 어려운 문제를 던지는 것은, 제임스가 두려워서 꽁무니를 빼고 건널 수 없다고 말하면, 제임스에게 '겁쟁이'라는 낙인을 찍어서 쭉 따돌림을 한다 라는 계산에 의한 것이다. 그런데 제임스는 잠깐 생각하고 나서 '네가 먼저 하면, 나도 한다'라고 말한다. 그것은 아이들의 법칙이다. 도전하는 사람은 우선 자기가 먼저 하지 않으면 안 된다.

여기서 다른 소년들은 어떻게든 장면을 중재하여 원만

히 수습하고자 한다. 그러나 테리의 금지가 그것을 용서하지 않는다. 테리는 라이마스를 건너겠다고 도전하지만 실패하여 연못에 빠진다. 그래도 모두의 도움으로 겨우 구사일생으로 구출되지만 즉각 입원하게 된다. 그 때 제임스는 놀라서 달려온 부모님에게 끌려 집으로 간다. 그는 자기의 한마디로 위험하게 테리가 목숨을 잃을 뻔 했다고 후회한다.

그러나 그의 결심은 굳어져, 그 밤에 집을 나와 마을의 아이들이 지켜보고 있는 가운데 필사적으로 라이마스를 건넌다. 그 후 제임스는 입원중인 테리에게 병문안을 간다. 거기에는 두 가지의 목적이 있었다. 여기에 소개하지 않았지만 제임스가 필사적이 되어 찾은 '이상한 검은 돌'을 수호신으로서 테리에게 주는 것, 그리고 자신이 라이마스를 건넌 것을 알리기 위해서이다.

제임스가 라이마스를 건넌 것을 말하자, 테리는 겨우 웃으며, '엄청난 녀석이다!' '마을사람이 될 자격이 충분하다'라고 말한다. 제임스는 테리에게 중요한 '부적'을 건네주고 두 아이는 마음속으로부터 화해한다.

## 아이는 싸우면서 큰다

이 작품은 그 외에 더 중요한 것을 말하고 있다. 그러나 여기에서는 '집단따돌림'의 부분만을 소개하였기 때문에 극히 일부분만을 전하였다는 것을 우선 말씀드린다. 그렇다고 해도 왜 이런 이야기를 하는지 의문이 있을 수 있다. '집단따돌림도 좋은 부분이 있다고 말하고 싶은 것인가'라고 분개하는 사람이 있을 지도 모른다. '그런 고전적인 이야기가 지금은 통하지 않는다. 지금의 집단따돌림은 음습하여 차원이 다르다'라고 말하는 사람도 있을 것이다. 확실히 이 이야기의 시작은 다수의 아이들이 제임스에게 저지른 집단따돌림이지만, 마지막은 제임스 대 테리의 대결로 되어 있다.

여기에 이 작품을 소개한 것은 '집단따돌림에도 좋은 부분이 있다'라고 주장하고 싶은 것이 아니다. '집단따돌림을 용서하지 않는다'라는 태도를 어른들이 엄히 가지는 것은 좋지만, 어른들이 강하게 대처한다면 문제없다라는 단순한 사고방식에 빠지는 것을 원하지 않기 때문이다. 아이들의 세계는 그 나름대로의 넓이를 갖고 있어, 어른이 간단히 이해하거나 지배할 수 있는 것이 아니다. 이 작품에 그려진 제임스 소년의 성장 드라마는 확실히 위험에 차 있지만 어른이 전혀 모르는 곳에서 일어나고 있다. 그리고 '마을 아이들 집단이 전학 온 학생을 따돌림한다'라고 이름 붙이는 것과는 전혀 다른 성장의 드라마가 되고 있다.

　교육자로서, 상담자로서 정말로 말하고 싶은 것은 무엇인가, 잘 표현할 수 없는 안타까움을 느낀다. 분명히 집단따돌림을 묵인하거나 장려하라고 주장하는 것은 아니다. 그러나 어른들의 '집단따돌림 절대반대'라는 태도가 아이의 행동을 규제하거나, 지배하는 쪽으로 기울어 경직되어 간다면, 아이들의 고유한 세계를 파괴하게 되는 위험성을 충분히 자각할 필요가 있다고 말하고 싶은 것이다. 아이는 아이 나름대로 서로 부딪치면서 서로 다듬어지고 단련되어 간다. 아이들만의 세계를 존중하는 자세로 범위를 넘지 않은 수비로서의 역할을 어른들이 해야 하지 않을까?

## 2. 현대의 집단따돌림은 비겁하다

　앞의 예와 같이, 집단따돌림이 성장에 중요한 의미를 갖는 경우가 있다. 그래도 결국 그것은 한 사람과 한 사람의 대결로 변화하여 갔기 때문에 그렇게 되었다고 말할 수 있다. 따라서 집단따돌림이 아이의 성장에 필요하다고 말할 의도는 전혀 없다. 특히 집단의 힘이나 권력 등을 버팀목으로 소수의 인간을 집단으로 따돌리는 비겁함은 용서할 수 없다. 더구나 현대에서의 집단따돌림은 먼저 인용한 지휘자 이와시로 씨가 말했듯이 그 정도가 극단적으로 심해지고 있다는 점에 문제가 있다. 이 점에 관해서 생각하여 보자.

### 우리 사회는 개성보다 서열이다

집단따돌림이 음습화하고 가혹하게 되어 가는 요인의 하나로서, 아이의 마음속에 울적한 감정이 대단히 강하고 크게 자리하고 있다는 것이다. 이 점에 관해서 어른들이 다시 생각할 필요가 있다. 아이들에게 무언의 압력을 가하고 있지는 않을까? 이 점은 구미선진국과 비교하여 우리나라에서는 특히 큰 문제로 지적되고 있다.

아이에 대한 압력 증대의 원인으로서 경쟁사회라는 측면을 문제삼는 사람이 있지만, 이것은 지나치게 단순한 발상이다. 경쟁사회라고 한다면 구미 쪽이 우리나라보다

훨씬 심하다고 말할 수 있을 것이다. 초등학교에서도 낙제나 월반이 있는 곳도 많다. 구미에서는 아이의 개성, 자주성을 일찍부터 중요시하기 때문에 제도적으로 아이들에게 자신의 수준에 맞추어 공부하도록 지도하고 있으며, 초등학교의 성적에 우리 사회만큼 구애되지 않는다.

우리 사회는 개성보다는 자기의 아이가 '몇째'인가라는 서열에 아주 구애된다. 수학을 잘 한다는가, 재미있는 발상을 하는 것보다는 서열에 구애되기 때문에 비록 시험에서 98점을 받아도 100점이 몇 사람이나 있기 때문에 8등이라는 것을 알면 내용적으로 100점도 98점도 거의 차이가 없다는 것을 잊고 자기의 아이 위에 7명의 아이가 있다고 생각하여 버린다. 초등학교의 때의 성적이 98점이나 100점은 인생에서 거의 차이가 없는 것이다. 그러나 서열에 구애되는 부모라면 큰 문제이다. 교사들도 서열을 매기기 위한 시험문제를 만들기 위해 깜박하거나 지나치게 신중히 생각하면 풀 수 없는 문제를 만들게 된다. 부모는 그것에 구애되어 아이에게 '좋은 성적'을 요구하게 되면 아이의 부담은 증대될 뿐이다.

어느 부모는 자기 아이의 성장 과정에 대한 신뢰를 갖고 있지 않다. 항상 다른 아이와 비교하면서 자기의 아이를

보고 있다. 이러한 경향은 지금 시작된 것이 아니라 옛날
부터 그러했다. 우리나라는 예로부터 신분이라든가 체면
이라는 것으로 균형을 잡아왔다. 그러나 현대에서는 신분
이라든가 체면이 근대화에 저항을 느끼기 시작하여 견제
의 역할을 잃게 되었고, 거기에다 개성이라는 것을 인정
하기보다는 오랫동안 서열에 구애되는 태도가 익숙하기
때문에 아이에 대한 압력이 매우 높아진 것이다.

　앞에서 '이상한 검은 돌'에 관해서 언급한 바와 같이 인
간은 누구라도 이질적인 것을 배제하려는 경향이 있다는
것을 지적하였지만, 우리나라에서는 특히 그 점이 더 강
하다는 것도 인식하지 않으면 안 된다. 단적으로 말하면,
개성이 있는 아이가 집단따돌림을 받기 쉬운 것이다. 또
한 집단따돌림과 관련되어 등교거부라는 것도 있다. 여기
서 특히 주의해야 할 것은 교사도 우리 사회의 일원이어
서, 자신도 모르는 사이에 이질적인 것을 싫어하는 태도
가 아이들에게 전달되어 아이들의 집단따돌림을 배후에
서 무의식 중에 지지하는 일이 발생하는 경우가 있다는
사실이다. 교사가 자각이 없는 채로 어떤 특정한 아이에
게 압력을 가하는 것이 된다. 반대로, 교사가 아이 각각의
개성을 인정하고 평가하는 태도를 가지면 집단따돌림의

방지로 이어지게 된다.

## 부모의 신뢰가 좋은 아이를 만든다

집단따돌림이 격화되어 아이의 생명과 관련된 사건이 생겨나는 것은 사춘기인 경우가 많다. 사춘기라는 것은 특별한 시기이다. 간단히 언급한다면 사춘기는 어른이 되는 기초를 밑바닥에서부터 다시 만든다고 할 만큼 대단한 시기이다. 따라서 이 때에 어떤 형태로든 '문제'를 경험하지 않은 사람은 없다고 해도 좋다. 그 '문제'의 경험에서 아이들은 여러 가지의 형태로 단련되어 가며 어른이 된다. '문제'라고 하여도, 그것은 어른의 시각으로 말할 뿐이고 사춘기의 아이에게는 뭐가 뭔지 모르는 사이에 지나가버렸다고 실감할 것이다.

중학교 상담교사들의 보고에 의하면 집단따돌림을 가했던 아이들이 '왜 그런 짓을 했는지 이유를 모르겠다'라고 이야기한다고 한다. '나중에 생각하니 지독한 짓을 했다고 느꼈지만 그 때는 단지 재미있다고 생각해서 그렇게 해버렸다'라는 중학생도 있었다.

사춘기의 문제는 옛날부터 있었는데 어째서 지금의 집단따돌림이 더 심각해진 것인가? 그 하나의 요인으로 이미 예를 들었듯이 아이들에 대한 강한 압력 때문이다. 극히 단적으로 표현하면, 사춘기에 이를 때까지 '문제에 관한 체험학습이 지나치게 적다'라는 것을 들 수 있다. 이것은 약간 대담한 표현이지만 예를 들면, 집단따돌림도 어릴 때부터, 형제 사이에서나, 아이들 상호간에 조금씩 경험하면 그것이 나쁘다는 것을 피부로 느껴 그 한도라는 것을 알게 된다. 그런데 현재는 아이의 수는 적고, 어른의 감시의 눈은 지나칠 정도여서 소위 '좋은 아이'로서 키워지는 아이가 많다. 이 '좋은 아이'들은 우리나라에서는 자기가 살고 싶은 대로 살아가는 것이 아니라 어른들의 규격에 맞추어지는 일이 많다.

이렇게 규격에 맞추어진 아이는 사춘기가 되면 내부에서 끓어오르는 불가사의한 힘에 직면하게 된다. 이 때 부모나 교사의 관리에 대하여 급격히 반발할 때, 그 한도를 전혀 알 수 없게 되어버린다. 따라서 집단따돌림을 하는 중학생 자신이 어째서 이러한 짓을 할까라고 생각하면서도 그만두지 못하거나 잔혹함이 점점 에스컬레이터되어 가는 일이 생긴다.

사춘기가 되면 아이들과 어떻게 교류해야 할 것인지 염려하기보다는 사춘기 이전에 부모와 아이의 관계가 더 중요하다는 인식이 필요하다. 사춘기의 아이가 그 나름대로의 '문제'나 '위험'을 경험하며 성장해가는 과정에서 부모님과의 관계가 '좋은 아이'로 만들기 위한 의도적 관계가 아니라 신뢰감 있는 깊은 관계를 가진다면, 이 곤란한 시기를 극복해가기 쉽다고 말할 수 있다.

### 이해없는 엄격함은 상처만 남긴다

현대사회에서 부모의 역할은 전에 비하여 어려워졌다. 핵가족이 되었기 때문에 부모는 이전의 부모보다도 역할이 무거워졌다. 게다가 경제적인 발전으로 가족 사이의 관계가 희박해지고 있다. 이것도 사춘기 아이들의 거친 태도를 증가시키는 원인이 되었다고 생각된다. 이 점에 관해서 조금 더 자세히 생각해보고자 한다.

경제적인 풍요로움으로 우리 사회는 전에 없는 물질적인 편리함이나 쾌적함을 얻었다. 이것은 대단히 고마운 일이지만 그것을 유지하기 위해서는 상당히 일하지 않으면 안 된다. 따라서 우리 사회는 점점 돈을 버는 일에 정신을 빼앗기고 가족 사이에 접촉이 적어졌다. 예를 들면 가족과 함께 식사하는 시간이 줄어들었다. 그 다음으로 큰 문제는 가족을 위하여 돈이 쓰이고 있으나, 가족 사이의 관계가 원활하기 위하여 마음은 쓰이지 않는 상황이 만들어지고 있다. 아이와 이야기하거나, 함께 있을 시간이 없어서 그것을 보상하려는 정서가 발동하여 음식이나 완구 등을 불필요하게 많이 사주거나, 비싼 것을 사주기도 한다. 이러한 자녀양육 방법은 밖에서 보면 '과보호'로 보이지만, 사실 아이는 전혀 '보호'되고 있지 않다. 지나치게 응석을 받아준다고도 하지만 진정한 '응석받아주기'도 '보호'도 없고 단지 책임감을 메우고 있을 뿐이다.

이렇게 희박한 인간관계에서 자란 아이는 집단따돌림을 가하는 입장이 되어도, 집단따돌림을 당하는 입장이 되어도, 거기에서 빠져나올 끈이 되어야 할 '마음의 연결'을 가지고 있지 않다. 집단따돌림을 가하는 측이 되어도 마음의 연결 끈이 있는 한, 어디에선가 멈출 정서가 움직이게 된다. 집단따돌림을 당할 때에도 혼자서는 도저히 견딜 수 없다고 느꼈을 때, 도움을 청할 수 있는 마음의 연결 끈이 있다고 믿고 도움을 청하게 된다. 물론 개인차는 있으나 우리 사회의 전반적인 현상으로서 가족 간의 인간관계가 희박해지는 문제에 대해서는 깊이 숙고할 필요가 있다. 우리는 가족끼리 마음을 써야 할 때에 돈으로 지나치게 해결하려고 하지는 않는지 가끔씩 돌아보아야 할 과제이다.

'집단따돌림을 용서하지 않는다'라는 경우, 슬로건으로 서 말하는 것이 아니라 확실한 한 사람 개인의 자세로서 그것을 받아들이고 있는지를 교사도 부모도 반성해볼 필 요가 있다. 우리나라에서는 '엄격한' 지도라든가 교육의 경우, 아이의 행동을 상세하게 규제하는 것만 열심이고, 자기 자신이 엄격함을 확실히 취하고 있는가를 소홀히 하 는 경향이 있다. 어른이 확실하게 '여기부터는 용서하지 않는다'고 아이 앞에 벽이 되어 설 때, 그것은 아이에 대 한 지킴이기도 하다. 사춘기의 아이들은 이미 언급하였듯 이 황폐해지기 시작하면 자신이 자신을 제지할 수 없는 상황이 된다. 사춘기의 아이들이 자기의 '문제행동'이 어 른에 의해서 제지되었을 때 '안도하였다'라고 상담에서 털어놓는 경우도 있다. 이것을 되풀이하면, 어른이 강한 벽으로서 서는 것은 무엇이 부딪쳐오더라도 물러서지 않 는 강함이고, 보호해주는 지킴이 역할을 하는 것이지 그 것이 작용하여 다른 것을 압박하는 것이 아니다. 이 점을 오해하지 않아야 한다.

지금까지 언급하였듯이 아이의 '문제행동'에 대하여 잘 이해하는 것은 필요하지만, 이해하는 것이 결코 가볍게 넘어가라는 것을 의미하지 않는다. 이해하는 것과 엄격한 것과는 양립하기 어려운 것처럼 보이지만, 이해가 깊으면 깊을수록 엄격함의 필요가 인식되어 오기 때문에 이해와 엄격함의 깊은 만남을 혼동하지 않아야 한다. 이해가 뒷받침되지 않는 엄격함은 상처를 주는 어설픈 돌봄이 된다.

## 3. 집단따돌림과 대책

여기에 일부러 '집단따돌림과 대책'이라고 쓰고, '집단따돌림의 대책'이라고 쓰지 않은 것은, 집단따돌림과 관련하여 도대체 '대책'이란 어떤 것인가에 관해서 생각해 보려고 하기 때문이다. '집단따돌림의 대책'이라는 것이 있고 그것을 실행하면 집단따돌림이 근절될 수 있다는 안일한 생각이 바른 문제해결의 설림돌이다.

'고령자대책' '비행소년대책' '집단따돌림 대책' 등과 같이 세상을 건전하게 하려고 힘을 쓰고 있는 사람들은 대책을 좋아한다. 사회적으로 여러 가지 문제가 발생했을 때 우리들은 확실히 어떠한 대책을 강구하지 않으면 안 되는 것이 사실이다. 그러나 상담자의 입장에서 말하면

'대책'이라는 말은 그다지 좋은 말이 아니다. 이제 꽤 나이가 들어가지만 사회의 여러 분들이 나를 위하여 '고령자대책'을 세워주셨다고 했을 때 그다지 감사하고 싶은 기분이 들지 않는다. 본심을 말하면 '가만히 내버려둬'라고 말하고 싶은 심정이다. 그래도 주위 사람들은 어떻게든 '대책을 세우지 않으면…'이라고 생각할지도 모른다. 그러한 이유로 대책을 세우는 사람들은 세상을 위하고 사람을 위해 선(善)을 행하고 있다고 생각하겠지만 대상이 되는 입장은 그다지 유쾌한 일이 아니다. 이 점을 우선 바탕에 깔고 집단따돌림을 다루기 위해 '대책'에 관해서 조금 생각해보기로 하자.

## 대책은 그것을 세우는 방법과 방식이 중요하다

대책의 대상이 되는 측이 '대책'이라는 말을 듣고 어쩐지 싫은 느낌이 드는 것은 단적으로 말하면 자기가 '문제의 대상이 되는 물건 취급'을 받게 되기 때문일 것이다. 한 사람의 개성 있는 어떤 인간으로 보여지는 것이 아니라, 다만 '노인이라는 물건'으로 보여지는 것이다. 노인대책이란 노인이라는 것은 이와 같이 취급하면 좋다는 안내가 되는 것이다. 그리고 그 안내에만 충실하면 잘 될 것이라고 사람들에게 인식된다. 요컨대 대책을 세우는 측과 대상이 되는 측과의 사이에 확실한 단절이 있다. 이렇게 되면 대책의 대상이 되는 쪽은 참을 수 없다.

좀 더 말하면 '대책'이라는 것을 방패로 삼아 인간으로서의 책임을 면하려고 한다면, 대책을 세우지 않은 편이 오히려 좋을 것이다. 왜냐하면 유식하게 말하는 사람들은 현장과 관계가 먼 곳에 있는 '평론가'나 '학자'가 많기 때문이다. 인간은 일반적으로 실제적인 관계를 갖지 않으면 정확한 것을 말할 수가 없는 것 같다. 그것도 무의미하다고까지는 말할 수 없지만 조금 주의를 주는 것만으로 난폭해지는 중학생이나, 교사 앞에서 담배를 피우는 학생, '원조교제'는 잘못이 아니라고 주장하는 고등학생 등에게 대책이라는 평론을 쓰는 것과는 별도로 인간성을 고려해야 하는 인식이 필요하다.

그렇다고 아무런 대책도 없이 인간으로서 알몸으로 부딪쳐가는 것도 그다지 찬성하기 어렵다. 대책은 필요하다. 단 그것을 세우는 방법과 그 방식이 중요하다. 예를 들면 어른은 사춘기의 아이에 대하여 '벽'이 되어야 한다고 말한 바 있다. 이것도 말하는 방법에 따라 사춘기의 아이에 대한 '대책'이라고 말할 수가 있다. 그러나 그것을 실행하기 위해서는 어른이 인간으로서 아이와 정면에서 만나지 않고는 안 된다. 요컨대 대책으로 자기의 책임을 면하는 것이 아니라, 대책 속에 자신의 존재와 책임이 확실히 관계하고 있어야 한다. 그와 같은 대책이 아니면 의미가 없다. 그러므로 그와 같은 것을 계속 의식하면서 여러 가지의 대책을 고려하지 않을 때에는 오히려 사춘기 아이를 어떻게 지도해야 좋은지 혼란스럽게 하는 결과를 초래하게 된다.

또한 대책이라는 경우 그것이 단락적으로 되지 않는 것이 중요하다. '집단따돌림의 근절'이라는 것에만 집착하면 아이는 어떻게든 부모나 교사에게 발각되지 않도록 집단따돌림을 비밀스럽게 하는 데 열중할 뿐이다. 각 학교는 교육청에 대하여 교내의 집단따돌림을 숨기려고 노력할지도 모른다. 슬로건이 소리를 높이면 높일수록, 집단따돌림은 음습(陰濕)화하여 나중에는 대단한 사건으로 노출되어 세상을 놀라게 하기도 한다.

따라서 대책을 생각하더라도 이미 언급하였듯이 집단따돌림 본연의 모습에 관해서 잘 생각하고, 그 근본적인 물음에 연관되는 대책을 생각하는 것이 필요하다.

## 개성을 키우는 것은 교사의 몫이다

다행히도 상담자는 현장의 선생님들과 이야기할 기회
가 비교적 많다. 현장의 선생님들에게 감탄한 것은 선생
님들이 '집단따돌림 대책'으로 고안한 것은 집단따돌림
을 어떻게 하고 있는지 원인을 찾으려 하는 것이 아니라
'개개의 아이가 그 나름대로 어떻게 학교에서 즐거움을
찾아내느냐'라는 점에 중점을 두고 있었다. 요컨대 단락
적인 방지책이 아니라, 아이 각자가 점점 생동감이 살아
나는 참여로 집단따돌림이 일어나기 어렵게 하는 발상이
었다.

최근 다음과 같은 연구발표를 들었다. 교토시의 교육위
원회의 기획으로 시립초등학교의 상담교사는 집단따돌림
이 발생하고 나서, 선생님의 협력과 지도로 그것이 해결
되어 가는 과정을 발표했으나 인상에 남는 지도가 눈에
번쩍 띄었다.

그것은, 초등학교 6학년의 학급에서 집단따돌림을 없애
려고 노력을 하는 한편, 6학년생 아이들의 남아도는 힘을
어떤 형태로 건강하게 분출하기 위하여 쉬는 시간과 방과
후에 배구연습을 시작한 것이다. 다행히도 선생님은 배구

를 잘 알고 있었다. 그리고 여기에서 중요한 점은 우선 '스매싱부터 시작하였다'는 것이다. 배구의 연습을 기초부터 시작한다면 여러 가지를 거쳐야 하지만, 원칙에 상관없이 우선 스매싱부터 시작하면 아이들이 즐겁게 참여하며 아울러 공격성을 해소하는 창구가 된다. 인간은 누구라도 어느 정도의 공격성이 필요하다. 그것을 무리하게 억누르고자 하니까 이상한 집단따돌림이 일어난다. 그래서 '스매싱'이라고 하는 부분이 좋은 착상이었던 것이다. 교사가 학생의 상황, 자기의 능력 등을 생각하고 어울리는 방법을 생각해냄으로써 해결책이 발견된 것이다. 이것도 대책이라면 대책이지만 획일적이지 않고 교사의 개성과 책임의 관계 속에서 만들어진다는 점에 의미가 있다고 생각된다.

아이의 각각의 개성을 늘려간다면 심각한 집단따돌림은 결과적으로 없어지게 된다. 어떻게 개성을 키워나갈 것인가는 교사 각 개인이 연구하지 않으면 안 된다. 교사가 아이의 개성을 늘리기 위하여 노력하는 것은 결과적으로 집단따돌림을 없애는 것과 연결되어 있다. 이와 같은 교사들의 소리 없는 실천 사례가 있어 우리 학교가 유지되고 있다.

## 상담교사와 학교는 집단따돌림의 지킴이 벽이다

집단따돌림에 대한 대책으로 1995년부터 교육인적자
원부의 '학교상담실 활용조사연구'라는 위엄 있는 이름
으로, 학교상담사를 학교에 도입하는 시험적인 기획이 실
행되었다. 이것도 '대책'이지만 상담교사는 현장에 들어
가 일을 하기 때문에 인간의 모습으로 책임 있는 마음의
연결 끈을 만들 수 있다. 그것뿐이 아니다. 학교상담사가
멋대로 '대책'에 나서는 것이 아니라 교장, 담임교사, 그
리고 특히 양호교사와 협력해가면서 결국은 많은 사람이
집단따돌림 문제를 정면에서 다루기 위한 지킴이 벽 같은
역할을 하게 된다.

일본의 학교상담사를 대상으로 한 연구(村山正治, 1995)
를 보면 일년간 집단따돌림에 관한 상담을 했던 것이
73%로 나타나 상당히 집단따돌림의 건수가 많은 것을 알
수 있다. 그 안에서 인상에 남는 것은 상담교사가 관련하
는 것에 따라, '대책'의 단락화를 방지하고 있는 점이다.
집단따돌림은 '문제행동'이라는 생각으로 단순히 취급하
면 집단따돌림이 있을 때 누가 언제 집단따돌림을 한 것
인가, 누가 집단따돌림을 당했는가를 '조사'하여 '범인'

을 찾아내기 시작하는 일에 학교상담사가 열중할 수 있다. 그런데 학교상담사는 누가 범인인가를 찾아내는 것보다도 개개의 아이의 이야기에 우선 귀를 기울인다. 그렇게 하면 그 아이 나름대로 여러 가지로 생각하여 해결책을 스스로 찾아 실행해간다. 그렇게 되면 누가 '문제아'인지 가리는 일은 필요 없게 된다.

학교상담사는 교사가 아니기 때문에 이야기가 하기 쉽다. 따라서 다른 데에서는 말하지 않는 '집단따돌림'에 관해서도 이야기하러 오는 아이가 많다. 그 같은 아이가 말하였다는 '들어주는 것만으로도 좋은데, 선생님에게 말하면 곧 사건으로 만들기 때문에 상담할 수 없다'라는 말은 지금까지 논하여 온 '대책'에 시사하는 바 크다.

집단따돌림은 '잘못된 문제행동'이라고 어른들은 말한다. 그러나 그것을 '고자질하는' 것은 아이 사회에서는 더 큰 '잘못'이다. 집단따돌림을 당하는 아이는 이 두 가지 '잘못'의 사이에서 괴로워하지만, 학교상담사가 어쩐지 '외부인'이라고 느껴지고, '비밀 엄수 의무'가 있다는 것을 알기 때문에 학교상담사에게는 털어놓는다. 여기에서 학교상담사가 그 내용을 모두 교사에게 그대로 전한다면 상담이 안 된다. 그러나 학교상담사는 '듣는' 것도 중요하지만 현실로 집단따돌림이 교내에서 발생하는 것을 알면서 그대로 방치할 수 없다. 어떻게든 스스로 해결의 길을 찾기 바라며 이야기를 들어주지만 쉽게 해결로 연결되지 않고, 그 사이에 집단따돌림이 발각되어 결국은 학교상담사는 도움이 되지 않는다고 낙인이 찍히는 경우가 될지도 모른다. 많은 학교상담사에게 있을 수 있는 딜레마이다.

이 딜레마의 해결에는 일반적 대답이 없다. 각 사례와 어울리는 방법을 찾아낼 수 있는 것이야말로 '전문가'로서의 학교상담사만이 가능하다. 어쨌든 '잘못'의 문제에 관계하는 사람은 자칫 자기가 '잘못'을 범할 위험성이 있다는 것을 자각하여야 한다.

# 일곱 아이를 둘러싸고 있는 잘못된 이해

아이들이 저지르는 잘못, 혹은 '아이들의 문제행동'을 다룬다면 어른들의 세계에서 아이들에게 저지르는 잘못이나 문제행동에 관해서도 언급해야 할 것이다. 오늘날 아이를 둘러싸고 아이들에게 가해지는 잘못은 실로 어마어마하다고 하지 않을 수 없다. 이 점에 관해서 쓰려고 한다면 몇 권의 책으로도 모자라겠지만, 시금으로서는 그만큼의 준비도 없고 의도도 없다. 그러나 지금까지 '아이들의 문제행동'과 관련되어 일어나는 잘못된 문제라고 하는 것을 조금 더 언급하고 본서를 끝마치고자 한다.

아이에 대해 가해지는 잘못이라고 하면 미국에서는 곧

학대와 유괴를 들 수 있다. 우리나라에서는 신문기사로 크게 취급될 것 같은 사건이라도 그쪽에서는 매스컴에 보도되는 일은 아주 적다. 그 정도로 건수가 많은 것이다. 매년, 유괴되는 아이는 놀랄 만한 수에 이른다. 아이의 학대의 정도나 건수도 우리나라와는 비교가 되지 않는다. 우리나라에서도, 아이의 학대는 계속 증가하지만 미국에 비교할 정도는 아니다. 우리나라는 무엇이든지 미국의 것을 따라 하는 데 익숙하지만 아이의 유괴와 학대만은 피하고 싶다.

아이들에 대한 학대 문제에 대하여 여기서 다루고자 하는 측면은 어른의 '선의'가 가져오는 잘못이다. 부모 혹은 교사로서 아이를 위한다는 생각으로 하는 일이, 결과적으로 '잘못'이 되어 아이의 성장을 비뚤어지게 하거나 저해하게 된다. 이 점에 관해서 심각하게 이야기하고자 한다. 교육에 열심인 부모와 교사의 자각(自覺)없는 행위가, 아이들의 문제를 유발하거나 아이에게 상처를 입히기도 한다. 표면적으로 본다면 어른은 바르고 명분이 있고, 아이는 잘못이라는 구도가 완성되어 있다. 따라서 어른은 스스로 반성하기보다는 아이를 먼저 공격하기 때문에 악순환이 생겨버린다. 마음은 부모도 교사도 아이의 행복을 위해서 하고 있다는 점에서 참 아쉬운 일이다.

## 1. 부모와 교사의 자각없는 행위가 아이를 망친다

　구체적으로 이해하기 위해서 하나의 실례를 들고자 한다. 그래도 상담자는 비밀 엄수의 의무가 있어 상담사례를 자세히 보고할 수 없기 때문에 최근 출판된 레이건 대통령의 딸의 수기를 쓰기로 한다. 이것은 레이건 대통령의 딸인 파티·데이비스가 40세를 넘기며 자기의 아이 시절과 부모님과의 관계를 되돌아보고 적나라하게 체험한 사실을 언급한 것이다(파티·데이비스 著,『딸을 사랑하지 않은 대통령에게-학대받은 천방지축을 고치기까지』, 1996년). 레이건 대통령을 존경하는 사람들은 그녀가 레이건 가(家)의 비밀을 공개하여 부모의 험담을 출판하였다고 비난하는 사람도 참 많이 있다. 그러나 그녀가 이것을 쓴 것은 '부모님을 상처내어 괴롭히기 위해서가 아니라, 이 정도의 곤란을 참고 견뎌내어 대답을 찾아낸 인간에게는, 같은 문제로 괴로워하는 사람들을 위해서 그 대답을 나누어 가질 의무가 있다고 생각하였기 때문이다'라고 변명하고 있다. 확실히, 상담이나 교육의 장에서는 그녀와 같은 괴로움을 체험하는 아이는 실로 많다.

이 책의 내용으로 레이건 대통령 부처에 관해서 개인적으로 비판하거나 비난해서는 안 된다. 어디까지나 딸의 입장에서의 일방적인 보고이므로 부모님의 입장에서 언급할 수 있는 부분이 많을 것이라는 점을 참고해야 한다. 따라서 하나의 사례로 누가 '나쁘다'라고 판단하지 말고 어디까지나 한 여성이 '체험한 진실'을 기초로, 부모와 아이의 관계에서 아이와 관련된 '잘못'에 대하여 주의해서 고찰해야 한다. 실제로 이 책을 읽으면, 지금까지 다루었던 문제와 관련된 구체적인 예라고 느껴진다.

### 대통령의 딸

파티 · 데이비스는 '레이건'으로 불리는 것을 거부하여 외가 쪽의 성을 사용하고 있다. 그녀는 아버지 레이건에 관해서 '아버지로부터 아이 시절에 익힌 것은, 엄격하고 괴로운 현실로부터 눈을 피하여 즐거운 현실이 존재하는 것처럼 자신에게 굳게 믿게 해버리는 놀랄 만한 능력'이 있는 분이라고 서술한다. 언제나 친절하게 미소짓고 '너무 심각하게 생각하는 것이 아니란다. 문제는 아무 것도 없는 것이니까'라고 말하듯이 윙크하는 이면에는, 이러한 비밀이 숨겨져 있었다고 말한다. 레이건 대통령의 어머니는 도덕적으로 엄격한 청교도이었지만, 아버지는 알코올 중독이었다. 그 때문에 파티의 할머니는 '인정하고 싶지 않은 것이 일어나면 부정하여 버리는 버릇'으로 어려움에 대처하여 왔다. 그 경향을 그녀의 아들인 레이건도 그대로 계승하였다는 것이다.

이것을 그대로 인식하여 레이건 대통령을 비난하는 것은 맞지 않을 것이다. 파티가 딸로서 기술하는 아버지의 성격을 조금 다른 각도에서 보면 '아무리 엄격하고 괴로운 일이 있더라도 어떠한 희망을 찾아내어 그것을 믿고 많은 사람을 거느려 가는 능력'이라고 바꿔 말할 수 있다. 그리고 대통령으로서 그는 그 나름대로의 것을 달성하여 많은 미국 국민의 존경을 얻었다고 말할 수가 있다. 그러나 그것이 '아버지'의 입장이 되면 자식에게는 쉽지 않은 것이다. 여기가 인간이기에 어려운 점이다.

딸인 파티는 어머니와 사사건건 대립한다. 아버지는 아슬아슬하여 어떻게든 딸을 위로하고자 하지만 잘 되지 않는다. 어머니인 낸시는 몇 번이나 딸을 때리지만 그것은 언제나 아버지가 없을 때였다. 딸은 그것을 아버지에게 호소하지만 아버지 레이건은 너의 어머니는 온화한 사람이라고 하며 최후에는 딸에게 '거짓말하지 마라'라고 말한다. 거짓말에 관해서는 그 문화 차이에 관해서 이미 다루었지만, 미국에서 '거짓말쟁이'라는 것은 대단히 심한 말로 너의 인격을 인정하지 않는다는 의미를 가지고 있다.

그 후, 파티가 청소년기를 거치며 그녀의 반항은 점점 더 심하게 되어 가출을 하거나 남자관계로 말썽을 일으킨다. 참지 못하고 비행기로 달려온 아버지에게 파티는 어머니의 학대를 호소하지만 '왜 그런 이야기를 만들어내는 거냐? 네 어머니는 이 세상에서 가장 애정이 깊고 온화한 사람이 아니냐'라고 언급한다.

아버지는 딸의 말을 믿지 않았고, 어려운 문제를 직시하지 못하고 언제까지나 진실을 깨닫지 못한다. 파티가 아버지는 언제나 괴로운 현실로부터 눈을 돌린다고 하는 것도 무리는 아니다.

드디어 아버지는 어머니와의 관계를 부정적으로 호소하는 딸에게 거짓말을 한다고 비난한다. 그러면 그는 거짓말을 하지 않는 인간일까? 그는 파티가 대학에 입학하였을 때 '성의 문란함'이 얼마나 나쁜가를 이야기하며 '네 어머니와 나는 결혼할 때까지 기다렸다. 그것이 고통스러웠어도…'라고 말한다. 그러나 그것을 듣는 딸은 부모님이 결혼할 때 어머니가 이미 임신 2개월이었던 것을 알고 있었다. 파티는 아버지의 이야기를 듣고 있을 때 '나는 일부러 입을 굳게 다물었다. 부친의 표정이 너무나 진지하고 성실 그 자체이었기 때문이다. 아마도 아버지는 그 이야기가 진실이라고 자신이 깊이 생각하고 있었을 것이다'라고 언급하고 있다.

항상 희망을 찾아내어 즐겁게 사는 것, 아이에게 엄격히 예의범절을 가르치는 것, 이것들은 대단히 중요한 것이다. 그러나 아무리 즐겁게 사는 것도 중요하지만, 싫은 것이나 어두운 것도 삶에는 동시에 존재한다. 엄격한 예의범절도 아이에게만 적용하는 것이 아니라 부모도 지키고자 하면 실로 어려운 것이다. 그 모순을 범하면서도 울기도 하고 웃기도 하며 '함께 사는' 것이 가족이다. 큰 나라에 통용되는 정치학도 가정에서는 통용되지 않는 일이 있다.

### 어머니와 딸

부모와 아이들의 관계에 있어서 문제의 핵심을 알게 해주는 것은 어머니와 딸의 관계이다. 물론 부모와 아들·딸의 관계에서 여러 가지의 다양함이 나온다. 그러나 더욱 근원에 있는 것은 어머니와 딸이다. 그것은 동물들의 세계를 보면 잘 알 수 있다. 동물의 세계에는 모자관계는 있으나 부친의 존재는 매우 미흡하다. 따라서 어머니의 존재는 생존과 연결된 중요한 문제이고, 그 어머니의 자취를 그대로 계승하려는 것이 딸이다. 요컨대, 딸은 다음에 어머니가 되기 때문에 '어머니'라는 위대한 존재 속에서 어머니와 딸은 일체라고 하여도 좋다. 그리고 그 위대한 존재의 주위에 남자가 있다.

인류는 다른 동물과 달리 점점 남성이 힘을 갖게 되었다. 인류의 특징으로서의 '의식'과 '자의식'이라는 것에 남성의 힘이 강하게 관련되어 있어 자립이라는 것에 매력을 느끼기 시작한다. 단순히 자립과 의존을 완전한 대립 개념으로 파악한다면 의존을 거부하면 할수록 자립적이라는 슬로건이 완성된다. 이것은 슬로건으로서는 논리적이고 강력하지만 약간 현실과 맞지 않는다. 무엇에도 의존하지 않는 인간은 없다. 공기나 흙이나 태양에 의존하지 않고서 살 수 있을까? 이 기본적 의존의 형태에 인간 관계로서 가장 가까운 것이 어머니와 딸의 관계이다.

인간이 자립한다는 것은 자기가 무엇에 어느 정도 의존하고 있느냐를 분명히 인식하여, 그것을 근거로 하여 자기가 할 수 있는 한에서 독립적으로 사는 것이다. 그러나 '자립'이라는 것이 먼저 슬로건으로 의식되면 의존은 전부 거부하고 싶어진다. 그리고 여성의 경우라면 무엇이나 거부하고 싶은 것이 어머니와 딸의 의존관계이며, 일체감에 대한 분리이다. 자립심이 강한 상당수 여성은 모친과의 관계가 좋지 않은 대신에 부친과의 사이에 불가사의한 일체감을 느끼는 사람이 많이 있다.

레이건 부인 낸시와 딸 파티의 관계는 여기에서 언급하는 전형의 사례이다. 그리고 이것은 어떤 의미로서는 근대의 개인주의를 나타내는 가정의 하나의 대표적인 사례라고도 할 수 있다. 어머니와 딸은 무엇이나 대립하지 않으면 안 된다. 그러나 그 싸움은 양자가 같이 자각하지 못하는 모녀의 일체감을 전제로 일어나고 있다. 어머니 입장에서 말하면 딸은 어쨌든 심하게 반발하고 있는 것이 되며, 딸 입장에서 말하면 어머니는 이유도 모르는 화를 내며 때때로 때리기도 한다는 것이다. 그런데 파티가 정말로 난감한 행동을 하고 있다. 누구에게도 터놓지 않은 비밀을 어머니에게 털어놓은 것이다. 그녀는 비밀스러운 연인의 일을 모친에게 이야기하는 것에 대해서 '그러한 이야기를 할 상대로서 사이가 나쁜 어머니를 고른 것이 이상할지도 모르지만, 거기가 어머니와 나의 관계에서 복잡한 곳이다', '나에게는 싸움을 오랫동안 계속하여 온 어머니 이상으로 나의 일을 모두 아는 사람이 없기 때문이다'라고 언급하고 있다. 그녀는 중요한 '비밀'을 혼자서 계속 가지는 자립성을 갖지 못했다. 그것은 그녀의 자립도가 약하다는 것보다는 그녀가 인식해야 하는 의존관계가 너무나도 깊고, 그것을 의식화하는 일이 지극히 곤란했던 점으로 이해된다.

파티는 또 '아버지의 딸이 아니라 어머니의 결혼 전의 성을 쓰기로 하였다'는 이유로서 '나는 그것을 몇 년 동안 남에게는 물론 자신도 인정하지 않았지만 그것은 어머니에게 자기를 인정받고 싶다는 의식이 작용하였기 때문이다'라고 언급하였다. 그녀도 40세를 넘어 사물의 본질을 차차 볼 수 있게 된 것이다.

여기에 어머니와 딸의 일체감이 나타난 것은 남성이든 여성이든 마찬가지로 중요한 것이다. 그것은 남성 심리의 깊숙한 곳에도 존재하고 있다. 그러나 이것을 미국의 남성이 인식하는 것은 지극히 어려운 것이다. 그러한 일을 잘못하면 자기의 존재가 위험해지는 등 인생관에서 어려움을 체험하게 된다. 아버지로서의 레이건이, 낸시와 파티의 드라마 주위에서 아무 역할도 하지 않고 어정대는 것도 무리는 아닌 것이다.

## 인간관계의 악

거짓말 · 비밀 · 성은 모두 인간관계에 밀접하게 관계하고 있다. 인간과 인간 사이의 거리를 나타내는 지표로서 그것들이 이용되고 있다. 예를 들면 레이건이 대통령 후보가 되었을 때 신문기자들이 레이건의 아이들에게 부친을 자랑스럽게 생각하는가라고 묻는다. 파티 이외의 이복 형제들은 마음속으로는 그렇게 생각하지 않지만 '예'라고 거짓말을 한다. 그런데 파티는 할 수 없다. 그리고 '내가 레이건 집안의 좋은 일원으로 있을 수 없는 것은 이와 같은 거짓말을 할 수 없기 때문이라고 생각한다. 그러나 나는 다른 일로는 많은 거짓말을 하였다'고 대답하였다.

그녀는 부모님이나 교사나 의사에게 많은 거짓말을 하고 있다. 자신을 '의사를 속이는 베테랑이다'라고 언급하고 있다. 그런 그녀가 어째서 부친을 존경하느냐라는 질문에 거짓말을 하지 못하는 것일까. 그녀는 거짓말을 하는 것이 싫은 것은 아니다. '레이건 가의 일원'이라고 인정되는 것, 요컨대 어머니와의 일체감에 매몰되어 버리는 것을 거부하는 것이다. 부모님이나 형제와 같이 '거짓말의 공유'의 관계가 되고 싶지 않은 것이다.

인간관계의 경우 비언어적인 일체감이 맺어질 때와 한 번 분리된 개체와 개체가 언어에 의한 계약에 의해서 일체감이 맺어지는 관계가 양극단으로 존재한다. 일체감의 관계를 그만두려고 하면 그 관계 속에서 거짓말도 비밀도 있어서는 안 된다. 외부에 대하여는 비밀을 가져도 좋지만 안에서는 비밀이 없어야 한다. 독립한 사람과의 관계에 있어서는, 개개인은 각각의 비밀을 갖고 그것을 존중하지만 그 가진 쪽이 양자의 관계에 영향을 주기 때문에 각자는 그 판단에 의해서 비밀을 소유하는 방법을 결정하지 않으면 안 된다. 그리고 이 경우는 내부와 외부라는 것이 그다지 문제가 되지 않고 누구에 대하여도 거짓말을 하는 것은 잘못이 된다.

실제의 인간관계를 보면 일체감의 양극단의 사이에서 모순되는 것을 어떻게든 양립시키거나 균형을 취하기도 하며 살고 있지만, 미국에서는 이미 언급하였듯이 개개인의 '자립'이라는 것이 지나치게 강조되고 있다. 물론 인간이 아무리 '자립'하여도 그것이 전부 신에게 복종하는 것이라면 좋겠지만 신을 잊은 자립이 되었기 때문에 문제가 생겨난 점을 고려해야 한다.

의식적으로 자립의 노력, 때로는 거부의 노력에 대한 대가를 지불할수록 깊은 무의식 세계에서의 일체감의 희구가 강해져, 낸시 부인과 같이 갈수록 딸에게 무거운 짐을 짊어지게 한다. 아울러 여기에서는 다루지 않았지만 마약의 피해가 큰 것도 관련되어 있다고 생각된다. 보통사람들과의 관계에서는 맛볼 수 없는 일체감을 마약에 의지하면 체험한다. 레이건의 딸 파티는, '어머니와 나와의 공통점은 약물 의존증'인 것을 강조하고 있다. 남에게 의존하는 것을 가능한 한 거부한 결과, 각각 약물에 의존하지 않을 수 없었다. 그러나 약물에 의존하여 간접적으로 일체감을 느끼는 것은 비극이 아닐 수 없다

이러한 경향이 우리나라에서도 보이고 있다. 우리나라는 일체감의 강조에 의한 개인의 파괴로부터 벗어나야 함을 깨닫지 않으면 안 된다. 그렇다면 이제 미국과 같은 궤도를 밟고 싶지 않다면 어떻게 해야 할 것인지 대단히 신중하게 생각하고 행동하지 않으면 안 된다. 우리는 레이건 일가의 일을 남의 일로서 비판만 해서는 안 되는 것이다.

## 2. 선의라는 이름의 잘못된 문제

미국에 비교하면 우리나라는 아이들의 유괴, 학대, 마약

의 피해는 아직 드물다. 우리나라에서 아이를 둘러싸고 있는 잘못된 문제로 생각하지 않으면 안 되는 것은 어른의 '선의'에 의한 잘못된 문제가 아닐까? '아이의 행복을 바라며' 어른들이 하는 요구가 아이의 불행으로 연결되는 일이 많다고 생각한다. 이 점에 관해서 조금 더 언급하고 싶다.

### 선의의 억압

일류기업의 수석합격자인 신입사원과의 상담이었다. 만나서 이야기를 들어보니 신입사원은 아주 무능하고 상사로부터도 바보 취급을 받게 되어 회사를 그만두고 싶다고 한다. 그리고 그 사원은 초일류대학 출신으로 지적 수준은 높지만 모친의 개입이 너무 오랫동안 계속되어 자기의 의지로 판단하거나 행동할 수가 없다는 것을 알았다. 요컨대, 사회적인 면에서 언급하면 지극히 미성숙하였다. 이러한 사람 중에는 '계란을 자신이 깬 일이 없다'라는 남성이 있어 놀란 적이 있다. '공부' 이외의 것은 전부 어머니가 한 것이다. 이러한 예를 들기로 하면 얼마든지 있어 정말 거짓말 같은 이야기조차 있다. 초등학생 때에 가정교사가 다섯 사람 있었다는 경우도 있다.

다음과 같은 예는 어떨까? 학생상담센터에 내담한 여대
생의 이야기이다. 그녀의 모친은 그녀가 공부를 잘하는
것이 자랑이었다. 좋은 성적을 받으면 기뻐하며 여러 가
지 선물을 사주기도 하였다. 그녀가 '좋은' 대학에 입학
하였을 때도 대단히 기뻐하여 여기 저기 자랑하는 것 같
았다. 그녀는 대학에서도 공부를 잘하여 대학원에 진학하
려고 하였다. 그러자 모친이 극렬히 반대하였다. 일류대
학을 다니는 것을 좋다고 하는 것과 여자가 대학원에 진
학하는 것은 다른 일이라는 것이다. 신부수업을 해서 시집
갈 준비를 하라고 한다. 학생상담실에서 그녀는 말하였다.
'어머니에게는 대학입학까지는 공부를 잘하는 아이는 '좋
은 아이'로 정해져 있었다. 그러나 대학을 졸업하면 공부
하려고 하는 아이는 '나쁜 아이'인 것입니다'라고 선악의
판단이 일거에 반전되어 버려 그녀는 난감해하고 있었다.
그러나 이것도 어머니의 입장에서 본다면 '딸의 행복을
바라는' 것이 될 것이다.

이러한 사례를 많이 접하며 느끼는 것은 아이의 행복을
생각하는 노선이 너무 단조롭다는 것이다. 일류기업에 취
직한다. 그 것을 위해서는 일류대학에 입학해야 한다고
생각한다. 혹은 여성이라면 좋은 곳에 시집가기 위해 일

류대학 학벌은 필요하지만, 여자가 너무 공부를 많이 하면 복잡하다고 생각한다. 이러한 고정관념을 아이들에게 강요하기 때문에 아이들은 참을 수 없다.

　부모뿐만 아니라 우리나라는 교사도 닮은 것 같다. 고등학생이 수학능력시험에서 좋은 점수를 받으면 '의대 진학'을 권한다. 그 학생이 다른 학부에 가고 싶다고 말하면 '점수가 너무 아깝다'라고 교사가 말한다. 학생의 개성은 아주 무시해버린다. 이러한 진학지도에 의해서 높은 점수를 요구하는 학부에 입학한 학생이 적성과 맞지 않기 때문에 고민스럽다는 일이 실제로 생겨나고 있다. 때로는 자기들을 터무니없는 특권계급에 속한다고 생각하는 의사나 법조인이 되기도 한다.

　예술, 재능, 스포츠 등의 세계에서도 우리나라의 지도 방법이 지나쳐 아이의 개성을 망가뜨리는 일이 있다. 결점을 일일이 지적하기 때문에 아이가 위축되어 버려 자라날 수 있는 가능성을 늘려갈 수 없다. 확실히 지적하고 고쳐가는 것이 사실은 옳은 것이지만 그러한 일을 자주 말하여 자신감을 잃게 하기보다 아이가 즐겁고 자신이 좋아하는 점을 신장하여 가도록 하여 더 반듯하게 성장한 사례가 많이 있다.

　예를 들면 한이 없지만 어쨌든 우리나라의 부모나 교사는 가르치거나 지도하거나 하는 것에 성급하고, 아이 속에서 스스로 자라나오는 것을 기다리지 않는다. 조금 대담한 표현을 하면, 아이의 마음속에서 잘못이라는 형태를 취하여 자라난 것이 어떻게 변화하여 에너지로 전환하는지, 그 경과를 보기 전에 나쁘다는 이유로 곧바로 그 싹을 잡아 뽑아버리는 어른의 '선의'가 지나치게 강한 것이다.

### 불안

　어째서 이렇게까지 어른들은 아이에게 선의의 강요를 하는 것일까? 기본적으로는 아이 자신의 성장의 가능성을 신뢰하고 기다리면 좋겠지만 그것이 되지 않는다. 왜? 아이를 신뢰할 수 없는 것일까? 그것은 자기 자신을 신뢰할 수 없기 때문이다. 이렇게 말하면 바로 반론을 제기하게 될 것이다. '아니다. 나는 제내로 하고 있지만, 요즘의 아이들은…'이라고 말하겠지만 정말로 자신은 제대로 하고 있는 것일까? 표면적으로는 그럴지도 모른다. 그러나 무엇인가 '가만히 있을 수 없다'라는 느낌이 밑바닥에 흐르고 있다. 어떻게든 상관해야 한다고 생각하지만 자신은 '안정'되어 있기 때문에 그만 아이에 대하여 '더 노력해

라라든가, 이것을 해라, 저것을 해라'라고 말하고 싶어진다. 그 결과 바람직하지 않은 일이 생기기 때문에 어디에선가 현실인식이 틀렸다고 찾게 된다. 그것은 자기가 '안정'되었다고 하는 곳에 문제의 초점이 있는 것 같다.

현대인은 상당한 불안을 안고 살고 있다. 그것은 대단히 깊은 불안이다. 그러나 생각해보면 인간은 어느 시대에서도 그랬었다고 말할 수 있다. 불안은 인간이 살아있는 증거이기 때문이다. 인간의 불안을 해소해주는 존재로서 신, 하나님, 부처님 등의 초월 존재가 있다. 옛날 사람들은 그것으로 상당한 안정을 얻었을 것이다. 그러나 현대인은 과학과 테크놀로지(technology)의 발달에 의해서 일상생활은 옛날과 비교가 되지 않을 정도로 쾌적하게 되었지만, 근원적인 불안에 대하여는 오히려 무방비 상태이다. 근원의 불안에 직면하는 것은 대단히 무섭다. 그렇다면 어떻게든 표면적인 안정에 매달리면서도 어쨌든 가만히 있을 수 없는 기분을 아이에게 던져버린다. 이러한 것이 우리나라에서도 미국에서도 일어나고 있다.

아이에게 불필요한 참견을 하지 않은 것과, 무관심과는 전혀 다르다. 후자보다는 아직 전자 쪽이 나을 것이다. 레이건 대통령의 딸 파티는, 왜 외가 쪽의 성을 사용하는가에 관해서 '어릴 때부터 적대시하여 싸움을 계속하여 온 어머니는 그래도 나에게는 실체가 있는 부모로서 존재하였기 때문이다. 실질적으로 존재하지 않은 것 같은 아버지는 그 이름조차 나에게 정체감(identity)을 느끼게 해주지 않았다'고 언급한다. 불안을 해소하는 방향이 아이를 향하지 않고 외부로 향해버리면 무관심하게 된다. 불안에 의해 방향설정이 여유를 잃으면 저쪽에도 이쪽에도 마음을 나누어주는 것을 불가능하게 한다. 나라의 일이 중요하게 되면 아이의 일은 생각할 수 없게 된다.

부모가 세속적인 의미에서 대성공하거나 점점 상승하여 갈 때, 아이는 그것을 지탱하기 위해서 근원적인 불안의 세계로 하강하지 않을 수가 없다. 파티가 경험한 많은 괴로움을 이렇게 이해할 수 있다고 본다. 부모와 아이가 분업하는 깃도 나쁘지 않을지도 모르지만, 할 수 있으면 같이 양쪽의 일을 제각각 하는 쪽이 재미있다고 생각한다. 하강의 문제를 '일'로써 자각하면 달리 마약에 의존하거나, '성의 문란함'을 체험할 필요가 없다. 그것보다는 대부분의 경우 진짜 체험을 할 수 없기 때문에 몸부림으로서 생기는 것이다. 낸시 부인은 어디에선가 이러한 것을 의식하였을 것이다. 따라서 딸의 처참한 갈등에 끌려

들어가 버렸다고 생각된다.

각자가 좀 더 진지하게 불안과 마주한다면 아이에게 쓸데없는 무거운 짐을 짊어지게 하는 일이 적어질 것으로 유추해본다

## 3. 어른 · 문제행동 · 어린이

본서의 맺음으로 언급하고 싶은 것은 어른이 좀 더 아이들의 문제행동을 참을성 있게 접근하는 것이 아이와 함께 더 생생하고 풍부한 인생을 맛볼 수 있다는 것이다.

어른이 올바름(善)만을 중개로 아이와 접하면, 어른 → 올바름 → 아이라는 한 방향의 움직임으로 끝나버린다. 그 예로써는 레이건 대통령이 딸에 대하여 '성의 문란함'에 관해서 준 훈계를 들 수 있다. 레이건 대통령의 언급을 훌륭하다고 생각하는 사람이 많을 것이다. 그러나 이 때 그의 언급은 일방적으로 딸에게 흘러갈 뿐이고 마음의 연결은 오히려 단절되어 버린 것이다. '성의 문란함'은 확실히 좋지 않다. 그러나 자기 자신이 행하여온 성생활에 비추어 자신에게 '잘못'이라고 생각이 미치는 일이 있다고 한다면 그것을 교훈으로 딸에게 '성의 문란함'에 대해

서 이야기하는 것이야말로 아버지와 딸의 관계가 깊어지
는 것은 아닐까 생각한다. 아버지도 딸도 마음이 움직여
서 서로 통하는 것을 느낄 것이다.

이것은 무슨 부녀간에 같이 잘못을 행한다든가, 자기의
결점을 일부러 드러내라는 이야기가 아니다. 자기의 결점
을 일부러 드러내는 사람은 스스로 폭로함으로써 악에 대
한 책임을 포기하기 쉽다. 잘못을 거부하자고 하면서 그
것을 하지 않을 수 없는 존재로서 어른과 아이도 그 자각
의 위에 같이 서는 것으로, 서로 마음의 교류를 느끼게 된
다. 그렇게 하여 그 같은 과정 속에서 잘못이 올바른 선
(善)으로 변용하는 것까지 체험하게 될 것이다.

## 부 록

### 본서에서 인터뷰한 창의적인 열 분

**쓰루미 슌스케(鶴見俊輔) 1922 ~**

昭和 말기 – 平成 시대의 철학자, 평론가. 1922년 6월 25일생.

대 정치가 쓰루미 유우스케의 장남. 하버드 대학에서 철학공부. 1943년 귀국. 1946년 丸山眞男, 武田淸子 등과『思想의 科學』을 창간. 사상과학연구회에서「共同硏究·轉向」등을 정리했다. 京都대학 조교수, 東京工業大學 조교수, 同志社大學 교수를 역임. 프래그머티즘의 소개와 대중문화론, 일상성에 입각한 철학을 전개. 小田實들과 노동자 집단의 평화연맹을 결성하고, 베트남 反戰運動을 조직. 저서로『日常的 思想의 可能性』,『限界芸術論』,『戰後日本의 大衆文化史』,『柳宗說』등.

### 다나베 세이코(田辺 聖子) 1928 ~

昭和 말기 – 平成 시대의 소설가. 1928년 3월 27일생.

처음에는 방송대본을 씀. 1964년 『感傷旅行(sentimental journey)』으로 芥川賞을 받음. 오사카 사투리로 남녀의 미묘한 감정을 그렸다. 1987년 『花衣…』로 여류문학상. 1993년 吉川英治文學賞 수상. 1998년 泉鏡花文學賞 수상. 1999년 讀賣文學賞 수상. 2000년 문화공로자로 선발.

### 다니가와 슌타로(谷川俊太郎) 1931 ~

昭和 후기 – 平成 시대의 시인. 1931년 12월 15일생.

다니가와 데쓰조우의 아들. 1952년 『二十億 光年의 孤獨』으로 등단. 그 후 詩 외에 연극, 라디오드라마, 책 등을 활발하게 창작한다. 昭和 50년(1975년) 번역시집으로 일본번역문화상 수상. 1983년 시집 『日의 地』로 문학상 수상. 1993년 『世間知…』로 萩原朔太郎賞 수상. 1996년 朝日賞 수상. 豊多摩고등학교 졸업.

### 다케미쓰 도로우(武滿徹) 1930 ~ 1996

昭和 후기 – 平成 시대의 작곡가. 1930년 10월 8일생.

미군 캠프에서 일하면서 작곡을 독학. 1951년 實驗工房 결성에 참가. 1957년 '현악을 위한 레퀴엠'이 스트라빈스 키에게 절찬받음. 영화음악. 1980년 藝術院賞 수상. 1996 년 65세로 사망.

### 다케미야 게이코(竹宮惠子) 1950 ～

昭和 후기 - 平成 시대의 만화가. 1950년 2월 13일생. 1968년 『마가렛』에 게재된 「사과의 죄」로 데뷔. 소년의 동성애를 테마로 한 「바람과 나무의 시」와 SF만화 「地球 로…」로 1980년 小學館漫畵賞 수상. 2000년 京都精華대 학 교수. 德島대학 중퇴.

### 이노우에 히사시(井上) 1934 ～

昭和 후기 - 平成 시대의 소설가. 1934년 11월 17일생. NHK가 공동제작한 TV인형극으로 주목을 받음. 1972년 「道元의 冒險」, 「新劇」 등으로 岸田戱曲賞 수상. 같은 해 「手鎖心中」으로 直木賞. 1981년 일본 SF대상 수상. 1981 년 讀賣文學賞 수상. 국어 문제에 관심이 많고, 전후 일본 어의 영어화에 반대하여 일본어를 지켰던 여성들을 그린 「도쿄세븐로즈」 외에 1999년 菊池寬賞 수상. 上智大 졸.

### 쓰카사 오사무(司修) 1936 ~

昭和 후기 – 平成 시대의 화가. 1936년 6월 25일생.

유채화, 석판 애칭과 다채로운 기법을 사용하여 삽화, 装幀, 그림책 분야에서 활약하고 소설도 씀. 1976년 『金子光晴全集』 裝幀으로 講談社 출판문화상 수상. 1978년 화문집으로 小學館 그림상 수상. 1993년 畵文集 『돛단배의 꿈』으로 川端康成文學賞 수상. 1999년 法大 교수.

### 히다카 도시다카(日高敏隆) 1930 ~

昭和 후기 – 平成 시대의 동물행동학자. 1930년 2월 26일생.

東京農工大學 교수를 거쳐 1970년 京都大學 교수가 되었다. 1995년 滋賀大學 학장. 나비의 행동 생리학적 연구에서 시작하여 일반 동물행동학으로 발전하였다. 일본 곤충학회 회장, 일본 동물학회 회징. 저서로는 『나비는 왜 나는가?』, 번역서로는 『이기적 유전자』 등이 있다.

### 쇼노 에이지(庄野英二) 1915 ~ 1993

昭和 후기 – 平成 시대의 아동문학작가. 1915년 11월

20일생.

9년간 병역에 임했고, 전후 帝塚山學院 교원으로 근무. 1961년『노틀담의 등불』로 일본 에세이스트 클럽상 수상. 『별의 목장』에서는 복직된 청년과 애마와의 교류를 시적 감정이 풍부하게 표현. 1964년 兒童文藝賞 등을 수상. 1975년 帝塚山學院 대학 학장. 1993년 11월 26일 78세 사망. 關西學院대학 졸업.

## 오오나와 미나코(大庭) 1930 ~

昭和 후기 - 平成 시대의 소설가. 1930년 11월 11일생. 아버지의 발령지 알래스카에서 11년간 체제. 1968년 群像新人賞 및 芥川賞 受賞. 건실한 작품을 전개하여 1975년 여류문학상 수상. 1982년 谷崎潤一郎賞 수상. 1986년 野間文藝賞 수상. 1991년 讀賣文學賞 수상. 藝術院 회원.

## 지은이 ⋯⋯⋯⋯⋯⋯⋯⋯⋯⋯⋯⋯⋯⋯⋯⋯⋯

### 가와이 하야오(河合隼雄)

　　국제일본문화연구센터 원장 역임

　　교토(京都)대학 교수 역임

　　현 일본문화청 장관

　　　　교토(京都)文教대학 고문

　　　　융(jung)정신분석가

　　저서 : 모래상자놀이치료, 무의식의 세계, 아이들의 우주 등
　　　　다수


## 옮긴이 ⋯⋯⋯⋯⋯⋯⋯⋯⋯⋯⋯⋯⋯⋯⋯⋯⋯

### 김옥엽(金玉葉)

　　원광대학교 교육학박사

　　河合隼雄 교수 모래상자 놀이치료 수련

　　청소년상담사 (1급)자격(문화관광부)

　　수련감독아동 · 청소년상담 전문상담사(한국상담학회)

　　청소년지도사 2급자격(문화관광부)

　　현 전라북도청소년종합상담실 상담부장

　　저서 : 상담심리학(공저), 집단상담의 이론과 실제(공저)

　　논문 : 한일 아동상담제도의 비교연구

　　　　유아의 도덕성 발달

　　　　집단따돌림조사연구/모래놀이치료사례연구

　　　　개인적지능 집단상담프로그램 개발 연구 외 다수

　　E-mail : miso6629@hanmail.net

　　http//www.youthjb.or.kr

# 나쁜아이가 세상을 바꿨어요

2003년   5월 24일   1판   1쇄 발행
2008년   5월 25일   1판   3쇄 발행

지은이 • 가와이 하야오
옮긴이 • 김 옥 엽
펴낸이 • 김 진 환
펴낸곳 • **학지사**

121-837 서울시 마포구 서교동 352-29 마인드월드빌딩 5층
전   화 • 326-1500(대) / 팩스 324-2345
등   록 • 1992년 2월 19일 제2-1329호
http://www.hakjisa.co.kr

ISBN  978-89-7548-873-3  03180

**정가 8,500원**

역자와의 협약으로 인지는 생략 합니다.
잘못된 책은 구입처에서 교환하여 드립니다.